O Álbum Branco

Joan Didion
O Álbum Branco

Tradução
Camila Von Holdefer

Rio de Janeiro, 2025

Copyright © 1979 Joan Didion
All rights reserved.
Título original: *The White Album*
Copyright de tradução © 2021 por HarperCollins *Brasil*

Todos os direitos desta publicação são reservados à Casa dos Livros Editora LTDA.

Nenhuma parte desta obra pode ser apropriada e estocada em sistema de banco de dados ou processo similar, em qualquer forma ou meio, seja eletrônico, de fotocópia, gravação etc., sem a permissão do detentor do copyright.

Diretora editorial: *Raquel Cozer*

Gerente editorial: *Alice Mello*

Editor: *Ulisses Teixeira*

Copidesque: *Victor Almeida*

Revisão: *Suelen Lopes*

Projeto original de capa: *Robert Anthony, Inc.*

Capa: *Túlio Cerquize*

Diagramação: *Abreu's System*

CIP-Brasil. Catalogação na Publicação
Sindicato Nacional dos Editores de Livros, RJ

Didion, Joan
 O álbum branco / Joan Didion ; tradução Camila Von Holdefer. -- Duque de Caxias, RJ : HarperCollins Brasil, 2021.

 Título original: The white album
 ISBN 978-65-5511-122-4

 1. Ensaios norte-americanos I. Título.

21-57736 CDD-814

Índices para catálogo sistemático:
1. Ensaios : Literatura norte-americana 814
Cibele Maria Dias - Bibliotecária - CRB-8/9427

Os pontos de vista desta obra são de responsabilidade de seu autor, não refletindo necessariamente a posição da HarperCollins Brasil, da HarperCollins Publishers ou de sua equipe editorial.

HarperCollins Brasil é uma marca licenciada à Casa dos Livros Editora LTDA.
Todos os direitos reservados à Casa dos Livros Editora LTDA.
Rua da Quitanda, 86, sala 601A — Centro
Rio de Janeiro, RJ — CEP 20091-005
Tel.: (21) 3175-1030
www.harpercollins.com.br

*Para EARL MCGRATH,
e para LOIS WALLACE.*

Sumário

I / O ÁLBUM BRANCO ... 9
O álbum branco ... 11

II / REPÚBLICA DA CALIFÓRNIA ... 55
James Pike, norte-americano ... 57
Água benta ... 66
Muitas mansões ... 75
O Getty ... 83
Burocratas ... 88
Bons cidadãos ... 96
Notas para uma Dreampolitik ... 108

III / MULHERES ... 121
O movimento feminista ... 123
Doris Lessing ... 135
Georgia O'Keeffe ... 143

IV / TEMPORADAS ... 149
Nas ilhas ... 151
Em Hollywood ... 174

Na cama 192
Na estrada 198
No shopping 206
Em Bogotá 215
Na represa 227

v / ACORDANDO DEPOIS DOS ANOS 1960 231
Acordando depois dos anos 1960 233
Dias tranquilos em Malibu 238

I

O ÁLBUM BRANCO

O álbum branco

1.

CONTAMOS HISTÓRIAS para poder viver. A princesa está enjaulada no consulado. O homem com o doce vai levar as crianças para o mar. A mulher nua no beiral da janela do décimo sexto andar é uma vítima de apatia ou uma exibicionista? Dizemos a nós mesmos que faz diferença se ela está prestes a cometer um pecado mortal, se está prestes a iniciar um protesto político ou se está prestes a ser, a visão aristofânica, arrebatada de volta para a condição humana pelo bombeiro em roupa de padre, escondido na janela mais atrás, sorrindo para as lentes a distância. Buscamos o sermão no suicídio, a lição social ou moral no assassinato de cinco. Interpretamos o que vemos, selecionamos o que funciona melhor entre múltiplas escolhas. Vivemos, sobretudo se somos escritores, pela imposição de uma linha narrativa para imagens discrepantes, pelas "ideias" com as quais aprendemos a congelar a fantasmagoria que constitui nossa experiência real.

Ou, ao menos, fazemos isso por um tempo. Falo aqui de uma época em que comecei a duvidar das premissas de todas as histórias que já havia contado a mim mesma, uma condição comum, mas que achei perturbadora. Creio que esse período começou por volta de 1966 e durou até 1971. Ao longo daqueles cinco anos, eu me mostrei, à primeira vista, uma integrante relativamente capaz de uma ou outra comunidade, uma signatária de contratos e cartões de viagem, uma cidadã: escrevi algumas vezes por mês para uma ou outra revista, publiquei dois livros, trabalhei em vários filmes; me envolvi com a paranoia da época, com a criação de uma filha pequena, com o entretenimento de um grande número de pessoas que passaram por minha casa; fiz cortinas de algodão para os quartos de hóspedes, me lembrei de perguntar para os agentes se qualquer redução de pontos ia estar *pari passu* com o estúdio de financiamento, coloquei lentilhas de molho no sábado à noite para a sopa de domingo, fiz pagamentos de impostos trimestrais e renovei minha carteira de motorista a tempo, errando na prova escrita só a questão sobre a responsabilidade financeira dos motoristas da Califórnia. Foi uma época de minha vida em que eu era "nomeada" com frequência. Era nomeada madrinha de crianças. Era nomeada oradora, palestrante, debatedora e conferencista. Até fui nomeada, em 1968, "Mulher do Ano" do *Los Angeles Times*, junto com a sra. Ronald Reagan, a nadadora olímpica Debbie Meyer e dez outras mulheres da Califórnia que pareciam se manter atualizadas e praticar boas ações. Eu não praticava boas ações, mas tentava me manter atualizada. Era responsável. Reconhecia meu nome quando o via. De vez em quando, até respondia cartas endereçadas a mim. Não assim que as recebia, mas em algum momento. Respondia até as que vinham de estranhos. "Durante minha ausência do país nos últimos dezoito meses": era assim que todas as minhas cartas começavam.

Era uma performance bastante satisfatória para uma improvisação. O único problema era que toda a minha educação, tudo que já tinham me dito ou que eu tinha dito a mim mesma, insistia que a produção não devia ser improvisada: eu devia ter um roteiro e o perdera. Devia ficar atenta às pistas, mas não fazia mais isso. Devia entender o enredo, mas tudo que entendia era o que via: imagens intermitentes em sequência variável, imagens sem "significado" além do arranjo temporário. Não um filme, mas uma experiência na sala de edição. No que provavelmente ia ser a metade de minha vida, eu ainda queria acreditar na narrativa e na inteligibilidade da narrativa, mas saber que dava para mudar o sentido a cada edição me fazia ver a experiência de forma mais elétrica do que ética.

Durante esse período, passei o que, para mim, eram porções habituais de tempo em Los Angeles, Nova York e Sacramento. Passei o que, para muita gente, pareceu tempo excessivo em Honolulu, cujo aspecto singular me dava a ilusão de que podia, a qualquer minuto, pedir ao serviço de quarto uma teoria revisionista de minha história, enfeitada com uma orquídea vanda. Assisti ao funeral de Robert Kennedy em uma varanda do hotel Royal Hawaiian, em Honolulu, e às primeiras notícias de Mỹ Lai. Reli tudo de George Orwell na praia do Royal Hawaiian. Também li, nos jornais que chegavam com um dia de atraso, a história de Betty Lansdown Fouquet, uma mulher de 26 anos com cabelo louro desbotado que abandonou a filha de 5 anos para morrer na divisória central da Rodovia 5, alguns quilômetros ao sul da última saída para Bakersfield. A criança, cujos dedos tiveram que ser desgrudados da cerca de arame quando foi resgatada pela polícia rodoviária da Califórnia doze horas depois, contou que correu atrás do carro da família por "um tempão". Algumas dessas imagens não se encaixavam em nenhuma narrativa que eu conhecesse.

Outro corte rápido:

Em junho deste ano, a paciente experimentou um episódio de vertigem e náusea, com a sensação de que ia desmaiar. Uma avaliação médica completa não gerou resultado conclusivo e foi receitado Elavil de vinte miligramas, três vezes ao dia. [...] O teste de Rorschach parece descrever uma personalidade no processo de deterioração, com sinais abundantes de defesas ruindo e inabilidade crescente do ego de mediar o mundo da realidade e de lidar com o estresse normal. [...] Emocionalmente, a paciente se alienou quase por completo do mundo. A vida imaginária dela parece ter sido quase totalmente antecipada por preocupações libidinais primitivas e regressivas, muitas das quais são deturpadas e bizarras. [...] Em um sentido técnico, controles afetivos básicos parecem estar intactos, mas é igualmente claro que são mantidos por ora de forma precária e tênue por uma série de mecanismos de defesa que incluem intelectualização, dispositivos obsessivo-compulsivos, projeção, formação reativa e somatização, todos os quais agora parecem inadequados para a tarefa de controlar ou conter um processo psicótico subjacente e se encontram, portanto, em processo de falência. O conteúdo das respostas da paciente é muito incomum e com frequência bizarro, repleto de preocupações sexuais e anatômicas. Às vezes, o contato básico com a realidade é bastante comprometido. Em qualidade e nível de sofisticação, as respostas da paciente são características de indivíduos de inteligência acima da média ou superior. Agora, porém, ela está funcionando em modo prejudicado intelectualmente, em nível apenas médio. As elaborações temáticas da paciente no Teste de Apercepção Temática enfatizam a visão pessimista, fatalista e depressiva do mundo à sua volta. É como se ela sentisse, de forma intensa, que todo esforço humano está fadado a fracassar, uma convicção que parece empurrá-la mais fundo em um afastamento dependente e passivo. Na visão da paciente, ela vive em um mundo de pessoas movidas por impulsos estranhos, conflitantes, mal compreendidos e, acima de tudo, tortuosos, que as levam ao conflito e o fracasso..."

A paciente a quem esse relatório psiquiátrico se refere sou eu. Os testes mencionados — o Rorschach, o Teste de Apercepção Temática, o teste da conclusão de frases e o Inventário Multifásico de Personalidade de Minnesota — foram aplicados a portas fechadas no ambulatório de psiquiatria do St. John Hospital, em Santa Monica, no verão de 1968, pouco depois de eu ter sofrido "um episódio de vertigem e náusea, com a sensação de que ia desmaiar", como mencionados na primeira frase e pouco antes de ter sido nomeada "Mulher do Ano" pelo *Los Angeles Times*. A título de comentário, considero, hoje em dia, que um episódio de vertigem e náusea não me parece uma resposta inadequada ao verão de 1968.

2.

Nesse período, eu estava morando em uma casa enorme na parte de Hollywood que um dia fora cara, mas que agora era descrita por um de meus conhecidos como a "vizinhança da matança sem sentido". A casa na Franklin Avenue era alugada. A tinta descascava dentro e fora da residência, canos quebravam, caixilhos de janelas desmoronavam e a quadra de tênis não era aplainada desde 1933, mas havia muitos quartos, o pé-direito era alto e, ao longo dos cinco anos que morei ali, até mesmo a inércia um tanto sinistra da vizinhança sugeria que eu viveria naquela casa para sempre.

Mas eu não podia. Os donos estavam só esperando por uma mudança de zoneamento para pôr a casa abaixo e construir um prédio de apartamentos de luxo. Aliás, era essa destruição iminente, mas não imediata, que dava um caráter especial à vizinhança. A casa do outro lado da rua havia sido construída por uma das irmãs Talmadge, fora o consulado japonês em 1941 e agora, apesar de fechada por tábuas, era ocupada por alguns adultos sem relação de parentesco que pareciam formar algum tipo de grupo terapêutico. A casa ao lado pertencia à Synanon. Lembro-me de uma casa na esquina com uma placa de "Aluga-se": o imóvel havia sido o consulado canadense, contava com 28 quartos grandes e dois closets refrigerados cheios de casacos de pele. Fazendo jus à vizinhança, só podia ser alugada em caráter mensal, desmobiliada. Uma vez que a disposição de alugar uma casa desmobiliada de 28 quartos por um mês ou dois é nitidamente extraordinária, a vizinhança era povoada sobretudo por bandas de rock, grupos terapêuticos e mulheres bem velhinhas, cujas cadeiras de rodas eram empurradas rua abaixo por enfermeiras em uniformes sujos. Além, é claro, de meu marido, minha filha e eu.

> *Pergunta: E o que mais aconteceu, se aconteceu...*
>
> *Resposta: Ele disse que achava que eu podia ser uma estrela, tipo, sabe, um jovem Burt Lancaster, esse tipo de coisa.*
>
> *P. Ele mencionou algum nome em especial?*
>
> *R. Sim, senhor.*
>
> *P. Qual nome?*
>
> *R. Ele mencionou uma série de nomes. Ele falou de Burt Lancaster. Falou de Clint Eastwood. Falou de Fess Parker. Mencionou um monte de nomes...*
>
> *P. Vocês conversaram depois de comer?*
>
> *R. Enquanto a gente comia, depois de comer. O sr. Novarro viu nossa sorte nas cartas e leu nossa mão.*
>
> *P. Ele disse que você ia ter uma sorte tremenda, ou má sorte, ou o que aconteceu?*
>
> *R. Ele não era bom em ler mãos.*

Esses são trechos do testemunho de Paul Robert Ferguson e Thomas Scott Ferguson, irmãos com 22 e 17 anos respectivamente, durante o julgamento pelo assassinato de

Ramon Novarro, de 69 anos, na casa dele em Laurel Canyon, não muito longe da minha em Hollywood, na noite de 30 de outubro de 1968. Acompanhei esse julgamento de perto, recortando matérias de jornais e depois pegando uma transcrição emprestada com um dos advogados de defesa. O mais novo dos irmãos, "Tommy Scott" Ferguson, cuja namorada testemunhou que deixou de estar apaixonada por ele "mais ou menos duas semanas após o julgamento", não conhecia a carreira do sr. Novarro como ator de filmes mudos até ter visto, a certa altura da noite do assassinato, uma fotografia do anfitrião como Ben-Hur. O irmão mais velho, Paul Ferguson, que começou a trabalhar em parques de diversões quando tinha 12 anos e descrevia a si mesmo aos 22 como tendo tido "uma vida agitada e boa", deu ao júri, a pedidos, sua definição de malandro: "Um malandro é alguém que sabe conversar — não só com homens, com mulheres também. Que sabe cozinhar. Sabe fazer companhia. Lavar um carro. Várias coisas formam um malandro. Tem um monte de gente solitária nessa cidade, cara." Ao longo do julgamento, cada um dos irmãos acusou o outro do assassinato. No fim, os dois foram condenados. Li a transcrição várias vezes, tentando ver o cenário por um ângulo que não sugerisse que eu vivia, como o relatório psiquiátrico apontou, "em um mundo de pessoas movidas por impulsos estranhos, conflitantes, mal compreendidos e, acima de tudo, tortuosos". Nunca conheci os irmãos Ferguson.

Conheci uma das figuras centrais de outro julgamento de assassinato do condado de Los Angeles durante aqueles anos: Linda Kasabian, principal testemunha de acusação no que ficou conhecido popularmente como "Julgamento Manson". Certa vez, perguntei a Linda o que ela achava da sequência de eventos aparentemente fortuita que a levou ao Spahn Movie Ranch e então à penitenciária de Sybil Brand sob a acusação, depois retirada, de assassinar Sharon Tate Polanski, Abigail Folger, Jay Sebring, Voytek Frykowski, Steven Parent e Rosemary e Leno LaBianca. "Tudo acontece para me ensinar algo", respondeu Linda. Ela não acreditava que o acaso fosse desprovido de padrão. Linda agia de acordo com o que identifiquei posteriormente como teoria dos dados. Aliás, durante aqueles anos, eu agia da mesma maneira.

Talvez o clima daqueles anos fique mais evidente se eu disser que, ao longo deles, eu não conseguia visitar minha sogra sem desviar os olhos de um poema emoldurado, uma "prece para o lar", que ficava pendurado em um corredor da casa dela em West Hartford, Connecticut:

Deus sustente os cantos deste lar
E bem-aventurado seja o batente
E sustente a lareira e sustente as tábuas
E sustente cada ambiente
E sustente a janela de cristal que deixa
a luz das estrelas entrar
E sustente cada porta que abre bem, para o estranho
e o familiar.

Esse poema me dava calafrios. Aquilo parecia o tipo de detalhe "irônico" de que os repórteres se apoderariam na manhã em que os corpos fossem encontrados. Em minha vizinhança na Califórnia, a gente não tinha uma "prece para o lar", não abençoávamos as portas que se abriam para o estranho. Paul e Tommy Scott Ferguson eram os estranhos na porta de Ramon Novarro, em Laurel Canyon. Charles Manson era o estranho na porta de Rosemary e Leno La-Bianca, em Los Feliz. Alguns estranhos batiam à porta e inventavam uma razão para entrar: uma ligação, por exemplo, para a companhia de seguros a respeito de um carro que não estava à vista. Outros só abriam a porta e entravam, e eu ia me deparar com eles no saguão. Lembro-me de perguntar a um desses estranhos o que ele queria. Olhamos um para o outro pelo que pareceu um tempo enorme, e então ele viu meu marido no primeiro degrau da escada. "Entrega de frango frito", respondeu por fim, mas não tínhamos pedido frango. Ele também não segurava nada. Peguei o número da placa do furgão dele. Ao longo daqueles anos, eu estava sempre anotando números de placas de furgões, veículos dando a volta no quarteirão, estacionados do outro lado da rua, ou em ponto morto no cruzamento. Colocava esses números na gaveta de um toucador onde poderiam ser encontrados pela polícia quando o momento chegasse.

Nunca duvidei de que o momento ia chegar, pelo menos não nos lugares inacessíveis da mente, onde cada vez mais eu parecia viver. Tantos encontros naqueles anos eram desprovidos de qualquer lógica, exceto a fantasiosa. No casarão da Franklin Avenue muita gente parecia entrar e sair sem qualquer relação com aquilo que eu fazia. Sabia onde os lençóis e as toalhas eram guardados, mas nem sempre sabia quem estava dormindo em cada cama. Tinha as chaves, mas não a chave. Lembro-me de tomar um Compazine de 25 miligramas em um domingo de Páscoa e preparar um almoço enorme e sofisticado para algumas pessoas, muitas das quais ainda estavam lá na segunda-feira. Lembro-me de andar de pés descalços o dia inteiro no piso de madeira gasto daquela casa e lembro-me de "Do You Wanna Dance" na vitrola, "Do You Wanna Dance", "Visions of Johanna" e uma música chamada "Midnight Confessions". Lembro-me de uma babá dizendo que viu a morte em minha aura. Lembro-me de conversar com ela a respeito daquilo, de lhe pagar, abrir todos os janelões e ir dormir na sala.

Era difícil me surpreender naqueles anos. Era difícil até mesmo conseguir minha atenção. Estava absorvida por minha intelectualização, meus dispositivos obsessivo-compulsivos, minha projeção, minha formação reativa, minha somatização e pela transcrição do julgamento dos Ferguson. Um músico que eu conhecera alguns anos antes me ligou de um hotel em Tuscaloosa para contar como poderia me salvar com a cientologia. Tinha encontrado com ele uma vez na vida, conversado por talvez meia hora sobre arroz integral e tabelas, e agora ele estava me falando do Alabama de E-metro e de como eu podia ficar "limpa". Recebi uma ligação de um estranho em Montreal que parecia querer me recrutar para uma operação de narcóticos. "É tranquilo falar nesse telefone?", perguntou várias vezes. "O Grande Irmão não está ouvindo?"

Disse que duvidava, embora cada vez duvidasse menos.

"Porque o que a gente está falando, no fundo, é de aplicar a filosofia zen a dinheiro e negócios, sabe? E se eu digo que a gente vai financiar o submundo, e se menciono dinheiro grande, você sabe do que estou falando, né? Você sabe o que está pegando, né?"

Talvez ele não estivesse falando de narcóticos. Talvez estivesse falando de gerar lucro com rifles M-1. Eu havia parado de procurar a lógica naquelas ligações. Em 1968, uma pessoa com quem eu tinha estudado em Sacramento, e visto pela última vez em 1952, apareceu em minha casa em Hollywood como detetive particular de West Covina, uma das poucas mulheres habilitadas do estado da Califórnia. "Chamam a gente de Dick Tracy sem pau", disse ela, em tom preguiçoso, mas espalhando o jornal do dia na mesa do saguão. "Tenho um monte de amigos bem próximos entre as autoridades policiais. Talvez você queira conhecer alguns deles." Trocamos promessas de manter contato, mas nunca mais nos vimos. Um encontro nada atípico daquele período. Os anos 1960 tinham terminado antes de me ocorrer que essa visita pode não ter sido exclusivamente social.

3.

Eram dezoito ou dezenove horas em uma noite de início de primavera em 1968. Eu estava sentada no piso de vinil frio de um estúdio de som no Sunset Boulevard, assistindo a uma banda chamada The Doors gravar uma faixa instrumental. De modo geral, minha atenção se voltava o mínimo possível para bandas de rock (já tinha ouvido falar de ácido como uma fase de transição e também de Maharishi e de Amor Universal. Depois de um tempo, tudo isso soava como céu de marmelada para mim), mas The Doors era diferente. O grupo me interessava. Não parecia convencido de que o amor era irmandade e Kama Sutra. A música deles insistia que amor era sexo e sexo era morte, e aí salvação secular. The Doors era o Norman Mailer da parada de sucessos, missionário do sexo apocalíptico. *Break on through*, a letra deles exortava, e *light my fire*, assim como:

> *Come on baby, gonna take a little ride*
> *Goin' down by the ocean side*
> *Gonna get real close*
> *Get real tight*
> *Baby gonna drown tonight*
> *Goin' down, down, down.*

Naquela noite, em 1968, o grupo estava reunido em uma simbiose inquieta para produzir seu terceiro álbum. Estava frio demais no estúdio, as luzes eram muito fortes e havia um monte de fios e botões do circuito eletrônico piscante e sinistro com o qual os músicos vivem tão facilmente. Eram três dos quatro Doors. Havia um baixista emprestado de uma banda chamada Clear Light. Havia o produtor, o engenheiro de som, o empresário, umas garotas e um husky-siberiano chamado Nikki, com um olho cinzento e outro dourado. Havia sacos de papel cheios até a metade com ovos cozidos, fígado de galinha, hambúrgueres e garrafas vazias de suco de maçã e *rosé* californiano. Havia tudo e todos de que a banda precisava para lapidar o restante daquele terceiro álbum, exceto por um detalhe: o quarto Door, o vocalista Jim Morrison, um ex-estudante da UCLA de 24 anos que usava calça preta de vinil sem cueca e tendia a sugerir uma gama de possibilidades para além de um pacto suicida. Foi Morrison quem descreveu a banda como "política e erótica". Foi Morrison quem definiu os interesses do grupo como "qualquer coisa sobre revolta, desordem, caos, sobre a atividade que aparenta não ter sentido". Foi Morrison quem foi detido em Miami em dezembro de 1967 por uma apresentação "indecente". Foi Morrison quem escreveu a maior parte das letras do The Doors, cujo caráter peculiar estava em retratar uma paranoia ambígua ou uma insistência bastante inequívoca no amor-morte como ápice. E era Morrison que estava faltando. Eram Ray Manzarek, Robby Krieger e John Densmore que faziam o som do The Doors ser o que era, e talvez fossem Manzarek, Krieger e Densmore que faziam dezessete de vinte entrevistados da *American Bandstand* preferir o The Doors a todas as outras bandas, mas foi Morrison que chegou até ali com sua calça preta de vinil sem cueca e lançou a ideia, e era por Morrison que estavam esperando agora.

"Ei, olhem só", disse o engenheiro. "Estava escutando rádio no caminho até aqui. Tocaram três músicas do The Doors. Primeiro 'Black Door Man', depois 'Love Me Two Times' e aí 'Light My Fire'."

"Eu ouvi", murmurou Densmore. "Eu ouvi."

"E aí, qual é o problema de alguém tocar três das nossas músicas?"

"O cara dedicou à família dele."

"É? À família?"

"À família. Bem idiota."

Ray Manzarek estava curvado sobre um teclado Gibson.

"Será que o *Morrison* vai voltar?", perguntou para ninguém em particular.

Ninguém respondeu.

"Então a gente pode fazer alguns *vocais*?", perguntou Manzarek.

O produtor estava trabalhando com a fita da faixa instrumental que tinham acabado de gravar.

"Espero que sim", respondeu ele sem olhar para cima.

"É", disse Manzarek. "Eu também."

Minha perna estava dormente, mas não me levantei. O clima tenso deixava todos no estúdio meio catatônicos. O produtor tocou a faixa instrumental de novo. O engenheiro disse que queria fazer os exercícios de respiração dele. Manzarek comeu um ovo cozido.

"Tennyson fez um mantra com o próprio nome", disse ele para o engenheiro. "Não sei se dizia 'Tennyson, Tennyson, Tennyson' ou 'Alfred, Alfred, Alfred' ou 'Alfred Lord Tennyson'. De qualquer forma, ele fez isso. Talvez só dissesse 'Lord, Lord, Lord'."

"Legal", disse o baixista da Clear Light. Ele era empolgado e amável, nada tinha do espírito Door.

"Eu me pergunto o que Blake disse", ponderou Manzarek. "Que pena o *Morrison* não estar aqui. O *Morrison* ia saber."

Um bom tempo depois, Morrison chegou. Estava com a calça preta de vinil, sentou-se em um sofá de couro na frente dos quatro grandes alto-falantes e fechou os olhos. O aspecto curioso da chegada de Morrison era o seguinte: ninguém reparou. Robby Krieger continuou a praticar uma passagem de guitarra. John Densmore estava na bateria. Manzarek se sentou no painel de controle, torceu um saca-rolhas e deixou uma garota massagear os ombros dele. A garota não olhou para Morrison, embora ele estivesse no campo de visão dela. Uma hora ou mais se passou, e ninguém tinha falado com Morrison ainda. Então Morrison falou com Manzarek. Falou quase em um sussurro, como se estivesse lutando com as palavras por detrás de alguma afasia incapacitante.

"É uma hora até West Covina", falou. "Fiquei pensando que talvez a gente devesse passar a noite por aqui depois de tocar."

Manzarek largou o saca-rolhas.

"Por quê?"

"Em vez de voltar."

Manzarek deu de ombros.

"A gente está planejando voltar."

"Bom, eu fiquei pensando, a gente podia ensaiar por aqui."

Manzarek não respondeu.

"A gente podia começar a ensaiar, tem um hotel aqui do lado."

"A gente podia fazer isso", disse Manzarek. "Ou a gente podia ensaiar domingo na cidade."

"Acho que sim." Morrison fez uma pausa. "O lugar vai ficar pronto para ensaiar no domingo?"

Manzarek olhou para ele por um tempo.

"Não", respondeu por fim.

Contei os botões de controle no painel eletrônico. Eram 76. Não tinha certeza quem venceu a discussão, ou se havia sido resolvida de algum jeito. Robby Krieger pegou a guitarra e falou que precisava de um pedal de efeito. O produtor sugeriu que pegasse um emprestado do Buffalo Springfield, que estava gravando no estúdio ao lado. Krieger deu de ombros. Morrison se sentou de novo no sofá de couro e se inclinou para trás. Acendeu um fósforo. Estudou a chama por um tempinho e então, bem devagar, de forma bastante deliberada, abaixou o fósforo até a braguilha da calça preta de vinil. Manzarek ficou olhando. A garota que estava massageando os ombros de Manzarek não olhou para nenhum de nós. Havia uma sensação de que ninguém ia deixar o estúdio. Nunca mais. Ia demorar algumas semanas até o The Doors terminar de gravar o álbum. Não fiquei até o fim.

4.

Uma vez alguém levou Janis Joplin a uma festa na casa da Franklin Avenue: ela tinha acabado de fazer uma apresentação e queria beber conhaque e licor Benedictine em um copo alto. Esse pessoal da música nunca quer bebidas comuns. Querem saquê, drinques com champanhe ou tequila pura. Passar um tempo com o pessoal da música era confuso, exigia uma abordagem mais fluida e, em última análise, mais passiva de que eu era capaz. Em primeiro lugar, o tempo nunca era essencial: a gente ia jantar às 21 horas, mas podia ser que jantássemos às 23h30, ou podia pedir comida depois. A gente acabaria na Universidade do Sul da Califórnia para ver o The Living Theatre se a limusine chegasse antes de alguém fugir para arranjar uma bebida, um cigarro ou um esquema para encontrar a Ultra Violet em Montecito. Em todo caso, David Hockney estava para chegar. Em todo caso, a Ultra Violet não estava em Montecito. Em todo caso, a gente poderia ir até a Universidade do Sul da Califórnia ver o The Living Theatre hoje à noite ou em outra noite, em Nova York ou em Praga. Primeiro a gente queria sushi para vinte, amêijoas cozidas, vinha-d'alhos de vegetais, muitos drinques com rum e gardênias para o cabelo. Primeiro a gente queria uma mesa para doze, catorze no máximo, embora possa ter seis a mais, ou oito a mais, ou onze a mais: nunca ia ter um ou dois a mais, porque o pessoal da música não viaja em grupos de "um" ou "dois". John e Michelle Phillips, a caminho do hospital para o nascimento da filha deles, Chynna, fez a limusine desviar para

Hollywood para pegar uma amiga, Anne Marshall. Esse incidente, que embelezo com frequência para incluir um segundo e imaginário desvio, para um luau das gardênias, descreve de forma exata o ramo da música para mim.

5.

Por volta das cinco da manhã de 28 de outubro de 1967, no distrito inóspito entre a baía de São Francisco e o estuário que a polícia de Oakland chama de Beat 101A, um militante negro de 25 anos chamado Huey P. Newton foi parado e interrogado por um policial branco chamado John Frey Jr. Uma hora depois, Huey Newton estava sob custódia no hospital Kaiser em Oakland, onde deu entrada para tratamento emergencial de um ferimento a bala na barriga. Algumas semanas depois, ele foi indiciado pelo tribunal do condado de Alameda, acusado de assassinar John Frey, ferir outro policial e sequestrar um transeunte.

Na primavera de 1968, quando Huey Newton estava aguardando julgamento, fui vê-lo na prisão do condado de Alameda. Suponho que fui porque estava interessada na alquimia dos problemas, e um dos problemas era o que Huey Newton se tornara àquela altura. Para entender como isso aconteceu, você deve primeiro ter Huey Newton em mente, quem ele era. Huey Newton veio de uma família de Oakland, e, por um tempo, frequentou a faculdade em Merritt. Em outubro de 1966, acompanhado de um amigo chamado Bobby Seale, organizaram o que chamaram de Partido dos

Panteras Negras. Pegaram o nome emprestado do emblema usado pelo Partido da Liberdade do condado de Lowndes, no Alabama, e desde o início se autodefiniram como um grupo político revolucionário. A polícia de Oakland conhecia os Panteras e tinha uma lista dos cerca de vinte carros dos membros. Não estou alegando aqui que Huey Newton não matou John Frey. No contexto das políticas revolucionárias, a culpa ou inocência de Huey Newton é irrelevante. Só estou dizendo como ele foi parar na prisão do condado de Alameda, e por que manifestações eram feitas em seu nome, protestos organizados sempre que ele aparecia nas audiências. Vamos lá, Huey, diziam os bótons (cinquenta centavos cada), e aqui e ali nos degraus do tribunal, entre os Panteras com seus óculos de sol e boinas, os cantos iam se elevar:

Pega o M
31.
Que a gente vai
Brincar com algum
BUM BUM. BUM BUM.

"Lute, irmão", uma mulher acrescentaria como em um amém bem-humorado. "Bangue-bangue."

Palhaçada, palhaçada.
Não suporto o jogo
Que o branco está jogando.
Única saída, única saída.
BUM BUM. BUM BUM.

No corredor do térreo do tribunal do condado de Alameda, havia uma aglomeração de advogados, correspondentes da CBC, operadores de câmera e pessoas que queriam "visitar Huey".

"O Eldridge não vai se importar se eu subir", disse um dos últimos para um dos advogados.

"Se o Eldridge não se importa, por mim tudo bem", respondeu o advogado. "Se você tiver credenciais de imprensa."

"Minhas credenciais são meio duvidosas."

"Então não posso deixar você ir lá em cima. O *Eldridge* tem credenciais duvidosas. Uma é ruim o suficiente. Tenho boas relações de trabalho aqui, não quero ferrar com isso." O advogado se virou para um operador de câmera. "Já estão gravando?"

Naquele dia em particular, fui autorizada a subir. Um homem do *Los Angeles Times* e um locutor de rádio subiram comigo. Assinamos o registro policial, sentamo-nos a uma mesa de madeira de pinho cheia de marcas e esperamos por Huey Newton.

"A única coisa que vai dar a liberdade para Huey Newton", dissera Rap Brown há pouco tempo em uma manifestação dos Panteras no auditório de Oakland, "é o poder das armas".

"Huey Newton entregou a vida por nós", Stokely Carmichael dissera naquela mesma noite.

Porém, é claro que Huey Newton ainda não havia entregado a vida de maneira alguma. Estava na prisão do condado de Alameda esperando para ser julgado, e me perguntei se o rumo que essas manifestações estavam tomando tinha alguma vez deixado Huey preocupado, com a suspeita de que, em muitos sentidos, ele era mais útil para a revolução atrás das grades do que na rua. Quando enfim chegou, Huey parecia um jovem extremamente simpático, envolvente e franco. Não tive a impressão de que pretendia virar um mártir político. Ele sorriu para nós, esperou o advogado (Charles Garry) preparar um gravador e conversou baixinho com Eldridge Cleaver, que na época era ministro da Informação dos Panteras Negras. (Huey Newton era o ministro da Defesa.) Eldridge Cleaver usava um suéter preto e um único brinco de ouro. Falava de forma arrastada, quase inaudível, e estava autorizado a ver Huey Newton porque tinha aquelas "credenciais duvidosas": um crachá de imprensa da *Ramparts*. O interesse dele era conseguir "declarações" de Huey Newton, "mensagens" para levar para o mundo lá fora; era receber um tipo de profecia para ser interpretada de acordo com a necessidade.

"A gente precisa de uma declaração, Huey, a respeito do programa dos dez pontos", disse Eldridge Cleaver. "Então vou fazer uma pergunta, entende, e você responde..."

"Como o Bobby está?", quis saber Huey Newton.

"Ele tem uma audiência de delitos menores, entende..."

"Achei que ele tinha sido acusado de crime grave."

"Bom, essa é outra coisa, a acusação de crime grave, ele também conseguiu algumas por delitos menores..."

Assim que Charles Garry tinha preparado o gravador, Huey Newton parou de conversar e começou a palestrar, quase sem parar. Ele falou, embolando as palavras, porque as tinha pronunciado tantas vezes antes, do "sistema capitalista-materialista dos Estados Unidos", da "assim chamada livre iniciativa" e "da luta por liberdade das pessoas negras em todo o mundo". Vez ou outra, Eldridge Cleaver fazia um sinal para Huey Newton e dizia algo como: "Há um bocado de gente interessada no Mandato Executivo Número Três que você emitiu para o Partido dos Panteras Negras, Huey. Gostaria de comentar alguma coisa?"

Lógico que Huey Newton ia comentar.

"Sim. O Mandato Número Três é essa reivindicação do Partido dos Panteras Negras falando pela comunidade negra. A partir dele, a gente admoesta a força policial racista..."

Eu queria que ele falasse de si mesmo, esperando romper o muro retórico, mas Huey parecia ser um daqueles autodidatas para quem todas as coisas específicas e pessoais se apresentam como campos minados a serem evitados às custas da coerência, para quem a segurança reside na generalização. O homem do jornal e o homem do rádio tentaram:

> *Pergunta: Nos diga alguma coisa a seu respeito, Huey, e me refiro à sua vida antes dos Panteras.*
> *Resposta: Antes dos Panteras minha vida era bem parecida com a da maioria das pessoas negras deste país.*
> *P. Bom, sua família, alguns incidentes que você recorda, as influências que moldaram você...*
> *R. Viver nos Estados Unidos me moldou.*
> *P. Bom, sim, mas de forma mais específica...*
> *R. Isso me lembra de uma citação do James Baldwin: "Ser negro e consciente nos Estados Unidos é viver em um estado de raiva constante."*

"Ser negro e consciente nos Estados Unidos é viver em um estado de raiva constante", Eldridge Cleaver escreveu em letras enormes em um bloco de notas, e aí acrescentou: *"Huey P. Newton citando James Baldwin."* Podia visualizar isso estampado acima da plataforma dos alto-falantes em uma manifestação, impresso no papel timbrado de um comitê *ad hoc* ainda por nascer. A bem da verdade, quase tudo que Huey Newton dizia tinha cara de ser uma "citação", um "pronunciamento" para ser utilizado quando a oportunidade surgisse. Eu tinha ouvido Huey P. Newton Sobre o Racismo ("O Partido dos Panteras Negras é contra o racismo"), Huey P. Newton Sobre o Nacionalismo Cultural ("O Partido dos Panteras Negras acredita que a única cultura pela qual vale a pena lutar é a cultura revolucionária"), Huey P. Newton Sobre o Radicalismo Branco, Sobre a Ocupação Policial do Gueto, Sobre o Europeu *Versus* o Africano. "O europeu começou a ficar doente quando negou a natureza sexual", disse Huey Newton, e nesse ponto Charles Garry o interrompeu, conduzindo a pauta de volta ao essencial. "Mas não é verdade, Huey, que o racismo começou por razões *econômicas*?"

Essa interlocução estranha pareceu assumir vida própria. Estava quente naquele cômodo pequeno, a luz fluorescente me incomodava e eu ainda não sabia em que medida Huey Newton entendia a natureza do papel para o qual fora escalado. Por acaso eu sempre gostei da lógica da posição dos Panteras, baseada na proposição segundo a qual o poder político começava no final do cano de uma arma (as armas exatas já tinham até sido especificadas em um memorando anterior de Huey P. Newton: *"carabina .45 do Exército; espingarda Magnum calibre 12 com cano 18, de preferência da marca High Standard; M-16; pistolas Magnum .357; P-38"*), e também conseguia apreciar a beleza de considerar Huey Newton um "problema". Nas politicagens da revolução, todo mundo era descartável, mas eu duvidava de que a sofisticação política de Huey Newton pudesse se alargar até ele ver a si mesmo dessa forma. É fácil enxergar o valor de um caso Scottsboro quando não se é um menino Scottsboro. "Há mais alguma coisa que queiram perguntar para Huey?", indagou Charles Garry. Não parecia haver. O advogado ajustou o gravador. "Tenho um pedido, Huey, de um estudante do ensino médio, repórter do jornal da escola. Ele queria uma declaração sua, e vai me telefonar hoje à noite. Gostaria de me confiar uma mensagem para ele?"

Huey Newton fitou o microfone. Houve um momento em que pareceu não lembrar o xis da questão, então se iluminou. "Gostaria de destacar", falou, a voz ganhando volume à medida que os discos de memória cram ativados, *ensino médio, estudante, juventude, mensagem para a juventude,* "que os Estados Unidos estão se tornando uma nação muito jovem...".

Ouvi um gemido e um lamento. Fui checar e... esse cara negro estava lá. Tinha sido baleado na barriga e não parecia estar em sofrimento insuportável, então eu disse que ia avaliar o ferimento. Perguntei para ele se era um Kaiser, se era do Kaiser, e ele respondeu: "Sim, sim. Chama um médico. Não vê que eu estou sangrando? Levei um tiro. Agora traz alguém aqui."

Perguntei se tinha o crachá do Kaiser e ele ficou perturbado com isso.

"Qual é? Traz um médico aqui. Eu levei um tiro."

"Estou vendo, mas você não parece estar em nenhum sofrimento insuportável."

Então eu disse que a gente precisava conferir para ter certeza de que ele era um membro. [...] E isso meio que o perturbou ainda mais. Ele me chamou de alguns nomes feios e falou: "Traz um médico aqui agora mesmo, levei um tiro e estou sangrando." Então tirou o casaco e a camisa, e os jogou ali no balcão. "Não está vendo esse sangue todo?"

"Estou." Não era tanto assim, então respondi: "Bom, você tem que assinar a ficha de admissão antes de um médico examinar você."

"Não vou assinar nada."

"Você não pode ser examinado por um médico a menos que assine a ficha de admissão."

"Não tenho que assinar nada", e esbravejou mais umas poucas e boas.

Esse é um excerto do testemunho, perante o tribunal do condado de Alameda, de Corrine Leonard, a enfermeira encarregada da emergência do hospital da Fundação Kaiser, em Oakland, às 5h30 da manhã do dia 28 de outubro de 1967. Claro que o "cara negro" era Huey Newton, ferido naquela manhã durante o tiroteio que matou John Frey. Por um bom tempo deixei uma cópia desse testemunho fixada na parede do escritório, seguindo a teoria de que ilustrava um choque de culturas, um exemplo clássico de alguém historicamente excluído confrontando a ordem estabelecida em seu nível mais mesquinho e impenetrável. Essa teoria foi esmigalhada quando soube que Huey Newton era, de fato, um membro registrado do Plano de Saúde da Fundação Kaiser, ou seja, nas palavras da enfermeira Leonard, "um Kaiser".

6.

Certa manhã de 1968, fui ver Eldridge Cleaver no apartamento em São Francisco que ele dividia com a esposa, Kathleen. Para ter acesso ao apartamento, o visitante precisava tocar primeiro e então ficar de pé no meio da Oak Street, em um lugar em que podia ser observado perfeitamente do apartamento de Cleaver. Depois desse escrutínio, o visitante era (ou não) liberado. Fui e subi as escadas. Encontrei Kathleen Cleaver na cozinha fritando salsichas, Eldridge Cleaver na sala de estar escutando um disco de John Coltrane e um monte de pessoas por toda parte, em todos os lugares, paradas nos vãos das portas, movendo-se na visão periférica umas das outras, fazendo e recebendo ligações telefônicas.

"Quando você consegue fazer isso?", eu ouvia no fundo. E: "Você não pode me subornar com um jantar, cara, esses jantares do *The Guardian* são todos da Velha Esquerda, parece um velório."

Quase todas essas outras pessoas eram membros do Partido dos Panteras Negras, mas uma delas, na sala de estar, era o oficial de liberdade condicional de Eldridge Cleaver. Acho que fiquei lá por cerca de uma hora. Acho que nós três — Eldridge Cleaver, o oficial de liberdade condicional e eu — discutimos as perspectivas comerciais do *Soul on Ice*, que por acaso estava sendo lançado naquele dia. Discutimos o adiantamento (5 mil dólares). Discutimos o tamanho da primeira tiragem (10 mil exemplares). Discutimos a verba publicitária e as livrarias onde os livros iam estar ou não disponíveis. Não era uma conversa incomum entre escritores. A diferença era que um dos escritores estava com seu oficial de liberdade condicional e a outra precisou ser revistada no meio da Oak Street antes de entrar.

7.

Pôr na Mala e Usar:
2 saias
2 camisas ou colantes
1 suéter de pulôver
2 pares de sapatos
meias-calças
sutiã
camisola, roupão, pantufas
cigarros
uísque
bolsa com:
    xampu
    escova e creme dental

sabonete Basis
aparelho de barbear, desodorante
aspirina, medicamentos, absorventes
creme facial, pó, óleo de bebê

Para Levar:
manta
máquina de escrever
2 blocos de notas e canetas
fichários
chave de casa

Essa era a lista que estava grudada na parte de dentro da porta de meu armário em Hollywood durante aqueles anos em que atuava como jornalista de modo mais ou menos regular. A lista me permitia arrumar as malas sem pensar, para qualquer matéria que pudesse vir a fazer. Note o anonimato propositai do traje: com uma saia, um colante *e meia-calça*, eu podia transitar em qualquer esfera da cultura. Note a manta para voos longos (ou seja, sem cobertores), e para o quarto de hotel no qual o ar-condicionado não podia ser desligado. Note o uísque para o mesmo quarto de hotel. Note a máquina de escrever para o aeroporto, na volta para casa: a ideia era entregar o carro alugado, fazer o check-in, achar um banco vazio e começar a datilografar as notas do dia.

Que fique claro que essa era uma lista feita por alguém que atribuía enorme valor ao controle, que ansiava pelo movimento, alguém determinada a interpretar seu papel como se tivesse um roteiro, prestasse atenção aos sinais, conhecesse a narrativa. Nessa lista há uma omissão significativa, um item de que eu precisava e nunca tinha: um relógio. Precisava de um relógio não durante o dia, quando podia ligar o rádio do carro ou perguntar para alguém, mas à noite, no hotel. Com frequência ia perguntar o horário na recepção mais ou menos a cada meia hora, até por fim, com vergonha de perguntar de novo, ligar para Los Angeles e perguntar ao meu marido. Eu tinha saias, camisas, colantes, pulôveres, sapatos, meias-calças, sutiãs, camisolas, roupões, pantufas, cigarros, uísque, xampu, escova e creme dental, sabonete Basis, aparelho de barbear, desodorante, aspirina, medicamentos, absorventes, creme facial, pó, óleo de bebê, manta, máquina de escrever, blocos de notas, canetas, fichários e a chave de casa, mas não sabia que horas eram. Isso podia ser uma parábola de minha vida como repórter durante esse período ou do próprio período.

8.

Em novembro de 1968, dirigindo um carro alugado entre Sacramento e São Francisco em uma manhã chuvosa, mantive o rádio ligado bem alto. Não fiz isso para descobrir que horas eram, mas em um esforço de apagar seis palavras da mente, seis palavras que não tinham significado para mim, mas que, naquele ano, pareciam sinalizar o início da ansiedade ou do pavor. As palavras, uma frase de "Numa estação do metrô" de Ezra Pound, eram: *pétalas num galho preto e molhado*. O rádio tocava "Wichita Lineman" e "I Heard It on the Grapevine". *Pétalas num galho preto e molhado*. Em algum lugar entre o viaduto Yolo Causeway e Vallejo me ocorreu que, no decorrer de qualquer semana, eu conhecia muita gente que via com bons olhos o bombardeio de usinas. Em algum lugar entre o viaduto Yolo Causeway e Vallejo também me ocorreu que o pavor naquela manhã ia se apresentar sob a forma de uma inabilidade de dirigir o carro alugado pela ponte de Carquinas. *The Wichita Lineman was still on the job*. Fechei os olhos e dirigi pela ponte de Carquinas, porque tinha compromissos, porque estava trabalhando, porque havia prometido assistir à revolução sendo feita na Faculdade Estadual de São Francisco, porque não havia lugar em Vallejo para entregar um carro alugado e porque nada em minha mente seguia o roteiro do jeito como me lembrava dele.

9.

Na Faculdade Estadual de São Francisco, naquela manhã, o vento soprava a chuva fria em rajadas sobre os gramados lamacentos e contra as janelas iluminadas das salas vazias. Dias antes tinha havido incêndios, aulas invadidas e um confronto com a Unidade Tática da polícia da cidade. Nas semanas seguintes, o campus ia se tornar o que muitas pessoas ficariam contentes de chamar de "campo de batalha". A polícia, o gás lacrimogêneo e as prisões ao meio-dia se tornariam rotina na faculdade, e toda noite os combatentes recapitulariam o dia deles na televisão: as ondas de estudantes avançando, a comoção no canto do enquadramento, os cassetetes reluzindo, o instante de câmera trêmula que servia para sugerir a qual preço a filmagem tinha sido obtida; então um corte para a previsão do tempo. No começo houvera o indispensável "problema", a suspensão de um professor de 22 anos que, por acaso, também era ministro da Educação do Partido dos Panteras Negras, mas esse problema, como a maioria, logo havia deixado de ser o objetivo até mesmo na mente dos participantes mais idiotas. A desordem era o objetivo.

Eu nunca antes tinha estado em um campus nessa situação, perdera até mesmo Berkeley e Columbia, e suponho que fui à Estadual de São Francisco esperando encontrar algo diferente do que encontrei. Em certo sentido, nada trivial, o cenário estava errado. A própria arquitetura das faculdades estaduais da Califórnia tende a negar ideias radicais. Em vez disso, reflete uma visão burocrata de bem-estar progressista, modesta e esperançosa. Enquanto eu andava de um lado para outro do campus naquele dia e nos dias seguintes, todo o dilema da Estadual de São Francisco — a politização gradual, os "problemas" aqui e ali, as "quinze demandas" obrigatórias, a agitação contínua da polícia e dos cidadãos indignados — parecia cada vez mais fora do tom, um caso de *enfants terribles* e conselho administrativo colaborando inconscientemente em uma fantasia ilusória (Revolução do Campus) e a levando a cabo a tempo do noticiário das seis horas. "Reunião do comitê de *porpaganda* no Redwood Room", lia-se em uma anotação rabiscada na porta do refeitório certa manhã; apenas alguém muito desesperado responderia com tanta força um bando de guerrilheiros que não só anunciavam a própria reunião no quadro de avisos do inimigo como pareciam alheios à ortografia, e também ao significado, das palavras que usavam. "Hayakawa Hitler" era como alguns docentes começaram a chamar S.I. Hayakawa, o semanticista que se tornara o terceiro reitor da faculdade em um ano e tinha se exposto a um descontentamento considerável ao tentar manter o campus aberto.

"*Eichmann*", Kay Boyle gritara para ele em uma manifestação. Com esses poucos e amplos traços estava sendo pintado o outono de 1968 no campus de tons pastel da Estadual de São Francisco.

O lugar simplesmente nunca parecia sério. As manchetes eram sombrias naquele primeiro dia, a faculdade fora fechada "por tempo indeterminado", tanto Ronald Reagan quanto Jesse Unruh ameaçavam represálias. Ainda assim, a atmosfera dentro do prédio da administração era a de uma comédia musical sobre a vida universitária.

"De jeito *nenhum* a gente vai abrir amanhã", informavam secretárias àqueles que telefonavam. "Vá esquiar, divirta-se."

Militantes negros em greve apareciam para conversar com os reitores; radicais brancos em greve fofocavam nos corredores.

"Sem entrevistas, sem imprensa", anunciou um estudante líder da greve ao entrar no escritório do reitor, onde eu estava. No momento seguinte, ele ficou irritado porque ninguém tinha lhe dito que uma equipe de filmagem do Huntley-Brinkley estava no campus.

"A gente ainda pode entrar nessa", disse o reitor com calma.

Todo mundo parecia unido em uma camaradagem um tanto festiva, em um jargão em comum, em um senso compartilhado de momento: o futuro não era mais árduo e indefinido, era imediato e programático, radiante com a perspectiva dos problemas a serem "endereçados", dos planos a serem "implementados". Era um consenso que os confrontos podiam representar "uma evolução muito saudável", que talvez uma paralisação fosse necessária para "algo ser feito". O clima, como a arquitetura, era o funcional de 1948, um modelo de otimismo pragmático.

Talvez Evelyn Waugh pudesse ter descrito isso do jeito certo: Waugh era bom com cenas de autoilusão elaborada, cenas de pessoas absorvidas por jogos estranhos. Aqui, na Estadual de São Francisco, só os militantes negros podiam ser levados a sério. Para todos os efeitos, eles estavam escolhendo as partidas, ditando as regras e extraindo o que podiam daquilo que, para todos os outros, parecia apenas uma agradável fuga da rotina, da ansiedade institucional, do tédio do calendário acadêmico. Enquanto isso, os administradores podiam falar dos cursos. Enquanto isso, os radicais brancos, que não tinham nada a perder, podiam se ver como guerrilheiros urbanos. Esse jogo na Estadual de São Francisco era bom para todo mundo, e as virtudes peculiares dele nunca ficaram tão claras para mim quanto na tarde em que participei de uma reunião de cinquenta ou sessenta membros da Students for a Democratic Society. Eles tinham convocado uma coletiva de imprensa para mais tarde naquele dia, e agora discutiam "exatamente qual deveria ser o formato da coletiva de imprensa".

"Tem que ser nos nossos termos", advertiu alguém. "Porque eles vão fazer perguntas bem capciosas, vão fazer *perguntas*."

"Mande submeterem todas as perguntas por escrito", sugeriu outra pessoa. "A União dos Estudantes Negros faz isso e é muito bem-sucedida. Eles simplesmente não respondem nada que não queiram responder."

"Boa. Não caiam na armadilha."

"Algo que a gente devia enfatizar nessa coletiva de imprensa é *quem controla a mídia*."

"Você não acha que é de conhecimento geral que os jornais representam interesses corporativos?", interrompeu uma pessoa com bom senso entre eles, em dúvida.

"Não acho que isso seja *compreendido...*"

Duas horas e dezenas de votações depois, o grupo havia selecionado quatro membros para dizer à imprensa quem controlava a mídia, tinha decidido comparecer *en masse* a uma coletiva de imprensa e debatido várias palavras de ordem para a manifestação do dia seguinte.

"Vamos ver, primeiro nós temos 'William Randolph Hearst só conta o que quer', aí 'Chega de distorção da imprensa' — essa é aquela que deu alguma controvérsia política..."

Antes de se dispersarem, eles ouviram um estudante que tinha vindo da Faculdade de San Mateo, uma instituição localizada descendo a península a partir de São Francisco.

"Vim aqui hoje com alguns estudantes do Terceiro Mundo para dizer que estamos com vocês, e esperamos que estejam *do nosso lado* quando a gente tentar fazer uma greve na semana que vem, porque a gente está nessa de verdade, a gente carrega nossos capacetes o tempo todo, não consegue pensar, não consegue ir para aula."

Ele fez uma pausa. Era um rapaz bonito, entusiasmado pela incumbência dele. Pensei na suave melancolia da vida em San Mateo, que é um dos condados com maior riqueza *per capita* dos Estados Unidos, e pensei se Wichita Lineman e as pétalas em um galho preto e molhado representavam ou não a falta de propósito da burguesia. Pensei na ilusão de um objetivo a ser alcançado com uma coletiva de imprensa, sendo o único problema das coletivas de imprensa o fato de que a imprensa fazia perguntas.

"Vim aqui para dizer que, na Faculdade de San Mateo, estamos vivendo como *revolucionários*", falou o garoto então.

10.

Colocamos "Lay Lady Lay" e "Suzanne" na vitrola. Descemos a Melrose Avenue para ver os Flying Burritos. Havia um pé de jasmim crescendo ao longo da varanda do casarão da Franklin Avenue, e, à noite, o cheiro de jasmim entrava por todas as portas e janelas abertas. Preparei *bouillabaisse* para pessoas que não comiam carne. Imaginei que minha vida era simples e doce. De vez em quando era, mas havia coisas estranhas acontecendo pela cidade. Boatos e histórias. Tudo era inenarrável, mas nada era inimaginável. Esse flerte místico com a ideia de "pecado" — essa sensação de que era possível ir "longe demais", e de que muita gente estava fazendo isso — nos acompanhava bem de perto em Los Angeles em 1968 e 1969. Uma tensão demente e sedutora se erguia em um vórtice na comunidade. O nervosismo se instalava. Lembro-me de uma época em que os cachorros latiam toda noite e a lua estava sempre cheia. Em 9 de agosto de 1969, eu estava sentada na parte rasa da piscina da minha cunhada em Beverly Hills quando ela recebeu uma ligação de um amigo que tinha acabado de ouvir falar dos assassinatos na casa de Sharon Tate Polanski, em Cielo Drive. O telefone tocou várias vezes na hora seguinte. Essas primeiras descrições eram confusas e contraditórias. Uma pessoa ligava e dizia capuzes, a próxima dizia correntes. Havia vinte mortos, não, doze, dez, dezoito. Rituais satânicos eram inventadas, e *bad trips* eram apontadas como a causa de tudo. Lembro-me de toda a desinformação do dia com muita nitidez. Também me lembro de algo que não queria lembrar: *ninguém estava surpreso*.

11.

Quando conheci Linda Kasabian no verão de 1970, ela estava com o cabelo cuidadosamente dividido ao meio, sem maquiagem, com o perfume Blue Grass de Elizabeth Arden e o uniforme azul amarrotado concedido às detentas na penitenciária de Sybil Brand, em Los Angeles. Ela estava na Sybil Brand em prisão preventiva, esperando para testemunhar a respeito dos assassinatos de Sharon Tate Polanski, Abigail Folger, Jay Sebring, Voytek Frykowski, Steven Parent e Rosemary e Leno LaBianca. Passei alguns finais de tarde falando com ela e com seu advogado, Gary Fleischman. Desses finais de tarde, lembro-me do meu medo de entrar no presídio, de deixar por uma hora as possibilidades infinitas que de repente percebia no crepúsculo de verão. Lembro-me de seguir pela autoestrada de Hollywood até o centro da cidade no Cadillac conversível de Gary Fleischman com a capota abaixada. Lembro-me de observar um coelho comendo a grama perto do portão enquanto Gary Fleischman assinava o registro do presídio. Cada uma da meia dúzia de portas que se fechava atrás de nós enquanto entrávamos na Sybil Brand me matava um pouco. Depois da entrevista, eu emergia como Perséfone do submundo, eufórica, exultante. Em casa, preparava dois drinques e um hambúrguer para mim.

"Cave", Gary Fleischman estava sempre dizendo. Certa noite, quando estávamos dirigindo de volta para Hollywood no Cadillac conversível com a capota abaixada, ele exigiu que eu lhe dissesse a população da Índia. Respondi que não sabia.

"Dê um palpite", incitou. Dei um palpite, absurdamente baixo, e ele ficou ultrajado. Fleischman tinha feito a mesma pergunta para a sobrinha ("no ensino superior"), para Linda e agora para mim, e nenhuma de nós sabia. Isso parecia confirmar uma ideia que ele tinha das mulheres, a impermeabilidade essencial ao conhecimento, a semelhança profunda delas. Gary Fleischman era uma pessoa de um tipo que raramente conheci, um homem realista e cômico de chapéu *pork pie*, um viajante a negócios nas fronteiras mais distantes do período, alguém que sabia como se movimentar nos tribunais e na Sybil Brand e continuava animado, até alegre, diante do mistério incrível e impenetrável no centro do que chamava de "o caso". De fato, nunca falávamos "do caso", e nos referíamos aos acontecimentos centrais apenas como "Cielo Drive" e "LaBianca". Em vez disso, falávamos das brincadeiras e decepções da infância de Linda, dos namoros juvenis dela e da preocupação com os filhos. Essa justaposição específica do dito e do indizível era lúgubre e perturbadora, e tornava meu bloco de notas uma ladainha de pequenas ironias tão óbvias a ponto de só interessarem a absurdistas dedicados. Um exemplo: Linda sonhava em abrir um estabelecimento que juntava restaurante-boutique e pet shop.

12.

Certos distúrbios orgânicos do sistema nervoso central são caracterizados por remissões periódicas, pela aparente recuperação completa dos nervos afetados. Parece que é isso que acontece: à medida que a camada que reveste um nervo inflama e endurece como tecido cicatrizado, bloqueando a passagem dos impulsos neurais, o sistema nervoso muda aos poucos o circuito dele e busca outros nervos não afetados para carregar a mesma mensagem. Durante os anos em que achei necessário revisar meu circuito mental, descobri que não estava mais interessada em saber se a mulher no beiral da janela do décimo sexto andar pulou ou não pulou, nem em saber por quê. Só estava interessada na imagem dela na mente: o cabelo incandescente sob os holofotes, os dedos curvados na pedra do beiral.

Sob essa luz, toda narrativa era sentimental. Sob essa luz, todas as conexões eram tão significativas quanto sem sentido. Veja só: na manhã da morte de John Kennedy, em 1963, eu estava na Ransohoff's comprando um vestido de seda curto para me casar. Alguns anos depois, esse vestido foi arruinado quando, em um jantar em Bel-Air, Roman Polanski derramou uma taça de vinho tinto nele por acidente. Sharon Tate também era uma convidada do jantar, embora Polanski e ela ainda não tivessem se casado. Em 27 julho de 1970, fui à Magnin-Hi Shop no terceiro andar da I. Magnin, em Beverly Hills, e escolhi, a pedido de Linda Kasabian, o vestido com o qual ela deu início ao testemunho sobre os assassinatos na casa de Sharon Tate Polanski em Cielo Drive.

"Tamanho 40 pequeno", foi o que ela pediu. "Curto, mas não curto demais. Se possível, de veludo. Verde-esmeralda ou dourado. Ou um vestido estilo camponesa mexicana, franzido ou bordado." Ela precisava de um vestido naquela manhã porque Vincent Bugliosi, o promotor público, manifestara dúvidas em relação ao vestido que ela planejava usar, um tubinho longo e branco simples.

"Longo é para a noite", ele aconselhara Linda. Longo era para a noite e branco para as noivas. No próprio casamento, em 1965, Linda Kasabian usara um traje de brocado branco. Os tempos passaram, os tempos mudaram. Tudo nos ensinava alguma coisa. Às 11h20 daquela manhã de julho de 1970, entreguei o vestido no qual ela ia testemunhar para Gary Fleischman, que estava esperando na frente do escritório dele em Rodeo Drive em Beverly Hills. Ele usava o chapéu *pork pie* e estava parado ao lado do segundo marido de Linda, Bob Kasabian, e do amigo deles, Charlie Melton, ambos usando túnicas brancas longas. Longo era para Bob e Charlie, o vestido na caixa da I. Magnin era para Linda. Os três pegaram a caixa da I. Magnin e entraram no Cadillac conversível com a capota abaixada de Gary Fleischman. Partiram em direção à autoestrada no centro da cidade, acenando para mim. Acredito que essa seja uma autêntica cadeia de correspondências sem sentido, mas na manhã tilintante daquele verão, aquilo fez tanto sentido quanto qualquer outra coisa.

13.

Lembro-me de uma conversa em 1970 com o gerente do hotel em que eu me hospedava, perto de Pendleton, no Oregon. Tinha estado às voltas com um artigo para a *Life* a respeito do armazenamento dos agentes nervosos VX e GB no arsenal do Exército no condado de Umatilla. Após terminar de escrever, tentei fazer o check-out no hotel. Durante o procedimento, ouvi essa pergunta do gerente, que era mórmon: "Se você não acredita que vai para o céu no próprio corpo, e mantendo laços próximos com todos os membros da família, então qual é o sentido de morrer?" Àquela altura, eu acreditava que meus controles afetivos básicos já não estavam intactos, mas agora apresento isso como uma questão mais forte do que pode parecer à primeira vista, uma espécie de *koan* da época.

14.

Certa vez quebrei a costela e, por meses, sentia dor ao me virar na cama ou ficar na piscina. Pela primeira vez tive a percepção aguda do que era ser velha. Depois esqueci. A certa altura, durante os anos sobre os quais estou falando aqui, após uma sucessão de perturbações visuais periódicas, três eletroencefalogramas, duas séries completas de radiografias de crânio e pescoço, um teste de tolerância à glicose de cinco horas, duas eletromiografias, uma bateria de análises químicas e consultas com dois oftalmologistas, um clínico geral e três neurologistas, fui informada de que a doença não era de fato nos meus olhos, mas no sistema nervoso central. Posso ou não sofrer com sintomas de dano neurológico por toda a vida. Esses sintomas, que podem ou não aparecer, podem ou não envolver meus olhos. Podem ou não envolver meus braços ou minhas pernas, podem ou não ser incapacitantes. Os efeitos podem ou não ser atenuados por injeções de cortisona. Era impossível prever. A condição tinha um nome, o tipo de nome em geral associado ao Teleton, mas o nome não significava nada e o neurologista não gostava de usá-lo. O nome era esclerose múltipla, mas não tinha significado. Era, de acordo com o neurologista, um diagnóstico excludente, e não significava nada.

A essa altura, a sensação que eu tinha não era de ser velha, mas de ter aberto a porta para um estranho e descobrir que esse estranho segurava uma faca. Em um diálogo de poucas frases no consultório de um neurologista em Beverly Hills, o improvável havia se tornado provável, a norma: coisas que só aconteciam com outras pessoas podiam de fato acontecer comigo. Eu podia ser atingida por um raio, arriscar comer um pêssego e ser envenenada pelo cianeto no caroço. O fato surpreendente era o seguinte: meu corpo estava oferecendo um equivalente psicológico do que vinha se passando na minha mente. "Leve uma vida simples", aconselhou o neurologista. "Não que isso faça diferença." Em outras palavras, era mais uma história sem narrativa.

15.

Muita gente de Los Angeles acredita que os anos 1960 acabaram de forma abrupta em 9 de agosto de 1969, no exato instante em que a notícia dos assassinatos em Cielo Drive percorreu a comunidade de uma ponta à outra como um incêndio florestal, e, em certo sentido, isso é verdade. A tensão se rompeu naquele dia. A paranoia estava cumprida. Em outro sentido, os anos 1960 não acabaram para mim até janeiro de 1971, quando deixei a casa na Franklin Avenue e me mudei para uma perto do mar. Essa casa perto do mar fora parte importante dos anos 1960, e por alguns meses depois de nos instalarmos eu ia me deparar com presentinhos daquele período da história dela — um fragmento da literatura da cientologia debaixo do forro de uma gaveta, um exemplar de *Um estranho numa terra estranha* enfiado no fundo de uma prateleira no armário —, mas depois de um tempo fizemos algumas obras e, entre as serras elétricas e o vento do mar, o lugar foi exorcizado.

Desde então, vi poucas pessoas agindo da maneira emblemática daqueles anos. Sei, claro, que Eldridge Cleaver foi para a Argélia e voltou para casa como um empreendedor. Sei que Jim Morrison morreu em Paris. Sei que Linda Kasabian fugiu para New Hampshire à procura do pastoral, onde a visitei uma vez; ela também me visitou em Nova York, e levamos nossos filhos na balsa de Staten Island para ver a Estátua da Liberdade. Também sei que em 1975, enquanto cumpria a sentença de prisão perpétua pelo assassinato de Ramon Novarro, Paul Ferguson obteve o primeiro lugar em um concurso de ficção da PEN e anunciou os planos de "continuar a escrever". Escrever o tinha ajudado a "pensar na experiência e ver o que ela significava". Penso com muita frequência no casarão de Hollywood, em "Midnight Confessions" e no fato de Roman Polanski e eu sermos padrinhos das mesmas crianças, mas escrever ainda não me ajudou a ver o que isso significa.

1968-1978

II

REPÚBLICA DA CALIFÓRNIA

James Pike, norte-americano

A GRACE EPISCOPAL Cathedral de São Francisco é um monumento curioso, arrogante em sua secularidade, e dita o aspecto de tudo em torno dela. Está situada no nexo simbólico de todo o velho dinheiro e o velho poder da Califórnia, Nob Hill. Sua grande rosácea brilha à noite e domina algumas vistas do Mark Hopkins e do Fairmont, assim como do apartamento de Randolph e Catherine Hearst na California Street. Em uma cidade dedicada à ilusão de que todo esforço humano tende misticamente para o oeste, na direção do Pacífico, a Grace Cathedral, resoluta, dá de cara para o leste, na direção do Pacific Union Club. Quando criança, fui avisada pela minha avó de que a Grace estava "inacabada", e que sempre estaria. Esse era o objetivo. Nos anos depois da Primeira Guerra Mundial, minha mãe colocava moedinhas para a Grace na caixinha de coleta, mas a Grace nunca seria concluída. Nos anos depois da Segunda Guerra Mundial, eu colocaria moedinhas para a Grace na minha caixinha de coleta, mas a Grace nunca seria concluída. Em 1964, James Albert Pike, que havia voltado para casa vindo da Cathedral of St. John the Divine, em Nova York, e do *The Dean Pike Show* na ABC para ser bispo na Califórnia, levantou 3 milhões de dólares, instalou imagens de Albert Einstein, Thurgood Marshall e John Glenn nas janelas do clerestório e, em nome de Deus (James Albert Pike tinha, a essa altura, simplificado a Trindade, eliminando o Filho e o Espírito Santo), declarou a Grace "concluída". Isso me chamou atenção como uma evolução esquisita e inquietante, uma confusão extrema dos objetivos — pelo menos como entendi os objetivos na infância —, e gravou James Albert Pike na minha consciência de forma mais indelével do que qualquer um dos passos anteriores que ele deu.

Para você ter uma ideia sobre ele, cinco anos após concluir a Grace, James Albert Pike abandonou de vez a Igreja Anglicana, detalhando seu ressentimento nas páginas da *Look*, e dirigiu até o deserto da Jordânia em um Ford Cortina branco alugado da Avis. Ele foi até lá com sua ex-aluna, sua esposa havia nove meses, Diane. Mais tarde, Diane diria que queriam viver o deserto como Jesus tinha vivido. Eles se prepararam para essa missão com um mapa da Avis e duas garrafas de Coca-Cola. A jovem sra. Pike sobreviveu. Cinco dias depois de o corpo de James Albert Pike ter sido resgatado em um desfiladeiro perto do mar Morto, uma missa de réquiem foi oferecida para ele na catedral que sua própria húbris concluíra em São Francisco. Do lado de fora, nos degraus da Grace, as câmeras observavam a manifestação dos Panteras Negras pela soltura de Bobby Seale. Dentro da nave da Grace Diane Kennedy, Pike e suas duas predecessoras, Jane Alvies Pike e Esther Yanovsky Pike, observavam as câmeras e uns aos outros.

Isso foi em 1969. Por alguns anos depois disso, não consegui fazer nada desta (agora) peculiar e surpreendente história, tão grande e atávica era minha irritação com o tipo de homem que minha avó teria chamado de "maldito velho tonto", o tipo de homem que ia entrar no deserto com a serelepe Diane e duas garrafas de Coca-Cola. Agora compreendo que Diane e a Coca-Cola são os detalhes que elevam a narrativa ao nível da fábula. Tenho pensado em James Albert Pike com bastante frequência nas últimas semanas, desde que li uma biografia dele escrita por William Stringfellow e Anthony Towne, *The Death and Life of Bishop Pike*, um livro respeitoso mas instrutivo, do qual emerge a sombra de um grande personagem literário, um no patamar de Howard Hughes e Whittaker Chambers como personagens literários, tão ambíguo, inquieto e revelador do próprio tempo e lugar que a lápide dele no cemitério protestante de Jaffa podia muito bem ser apenas JAMES PIKE, NORTE--AMERICANO.

Veja a biografia dele. Era filho único de uma mãe ambiciosa e de um pai enfermo que se mudaram do Kentucky alguns anos antes do seu nascimento, em 1913, para uma fazenda de algaroba de dezesseis hectares em Oklahoma. Durante um tempo, houve um declínio para um barraco de um cômodo em Alamogordo, Novo México. Sua mãe sempre desejou melhorar as perspectivas da família. Deu aulas na escola. Tocou piano em uma banda de baile e também em cinemas que exibiam filmes mudos. Criou o pequeno

James como católico e o inscreveu no Concurso dos Melhores Bebês da Feira Estadual de Oklahoma — ele ganhou o primeiro lugar por dois anos consecutivos.

"Achei que vocês iam gostar disso", disse ela aos biógrafos quase sessenta anos depois. "Ele começou como vencedor."

Ele também começou a vestir bonequinhas de papel em trajes de padre. A mãe parece ter sido uma mulher de extrema determinação. O marido morreu quando James tinha 2 anos. Seis anos depois, a viúva se mudou para Los Angeles, onde se dedicou a manter um mundo no qual nada "ia mudar a vida de James ou contrariá-lo de alguma forma", um tipo de criação que se revelaria na expressão e nas maneiras do filho durante a vida inteira.

"Nem preciso dizer quanto é desgastante ter que reviver isso tudo", reclamou ele quando seu primeiro divórcio e o segundo casamento pareceram se colocar entre ele e a eleição como bispo da Califórnia. A biografia é uma panóplia de petulância espantada diante das tentativas de outras pessoas de "contrariá-lo" ao trazer à tona um antigo casamento, o divórcio ou algum outro "aspecto do passado morto e enterrado há muito tempo".

Em Los Angeles, ele frequentou a Hollywood High School e tinha missa todas as manhãs na Blessed Sacrament do Sunset Boulevard. Depois da Hollywood High, houve a faculdade jesuíta em Santa Clara, pelo menos até James repudiar a Igreja Católica e convencer a mãe de que ela deveria fazer o mesmo. Ele tinha 18 anos na época, mas era característico da mãe levar o "repúdio adolescente" bastante a sério: os dois dão a impressão de não ter tido nenhuma âncora a não ser um ao outro e de terem reinventado o ancoradouro todos os dias. Depois de Santa Clara, havia a UCLA para o recém-agnóstico, então a USC e, por fim, o leste. Costa Leste. Direito em Yale. Um emprego em Washington na Comissão de Valores Mobiliários.

"Vocês têm que entender que ele estava muito sozinho em Washington", explicou a mãe após a morte do filho. "Ele queria voltar para casa. Eu queria que tivesse voltado." Ainda assim, esse filho do Oeste deve ter achado que havia ao menos conhecido o mundo "real", o "vasto mundo", o mundo a conquistar. O mundo no qual, como o jovem que começou como vencedor logo descobriu e contou para a mãe em uma carta, "praticamente todo devoto que você conhece do nosso nível social é anglicano, e um católico romano ou protestante é tão raro quanto dentes em frangos".

Pensa-se em Gatsby se deparando com o Leste. Pensa-se também em Tom Buchanan e na enorme negligência dele. (Uns 25 anos depois, em Santa Barbara, quando a amante do bispo da Califórnia engoliu 55 comprimidos para dormir, ele aparentemente a levou do apartamento dele para o dela antes de chamar uma ambulância, e ocultou certas evidências antes de ela morrer.) Pensa-se até mesmo em Dick Diver, que também começou como vencedor e tentou abraçar a essência do continente norte-americano em Nicole como James Albert Pike tentou abraçar a Igreja Anglicana. "Praticamente todo devoto que você conhece do nosso nível social é anglicano."

É uma aventura norte-americana de Barry Lyndon, esse homem do Oeste indo para o Leste para agarrar o futuro, munido do amor da mãe e com o que, no ancoradouro improvisado de onde vinha, passava por paixão pelo conhecimento. Há uma curiosa história de Diane, a terceira esposa, como evidência dessa paixão: ele "leu o dicionário e a lista telefônica de ponta a ponta quando tinha 5 anos, e toda a coleção da Enciclopédia Britânica antes de fazer 10". Diane também relata o entusiasmo dele pelo Museu do Homem em Paris, que pareceu lhe oferecer, ao longo da hora que passou ali, "uma educação completa", a "história completa da raça humana... de forma resumida".

De forma resumida. Fica a impressão do tipo de fervor estúpido que uma esposa menos enlevada que Diane poderia achar perturbador. No final da década de 1930, quando a comunhão estava a ponto de ser distribuída na primeira missa de Natal da nova carreira de James Albert Pike como anglicano, sua primeira esposa, Jane, outra californiana transplantada, foi vista dando um pulo e saindo da igreja correndo e gritando. Não teria nada na lista telefônica para encobrir isso, ou na Enciclopédia Britânica. Depois, ele inventou uma anulação eclesiástica para encobrir seu divórcio de Jane, embora nenhuma anulação estivesse de fato garantida.

"Na cabeça dele", explicam os biógrafos. "o casamento não era apenas um erro, mas inválido desde o início". Na cabeça dele. Ele precisava acreditar na anulação, porque queria ser bispo da Califórnia. "O coração dele era californiano", falou um amigo. "Ele tinha crescido com a ideia de que São Francisco era o lugar certo [...] Era obcecado pela ideia de ser bispo da Califórnia. Nada no céu ou no inferno poderia tê-lo impedido." Na cabeça dele. "Tom e Gatsby, Daisy e Jordan e eu, todos somos do Oeste", disse Nick Carraway muito bem, "e talvez a gente tenha alguma deficiência em comum que nos faz sutilmente inaptos para a vida no Leste".

Na cabeça dele. Lembro-me de estar na St. Thomas Church em Nova York certa manhã de segunda-feira de 1964, debatendo comigo mesma se roubava ou não um livro de James Albert Pike, uma brochura pastoral intitulada *If You Marry Outside Your Faith*. Só tinha uma nota de vinte dólares e não podia me permitir deixá-la na caixinha, mas queria ler o livro com mais atenção. Afinal, eu tinha me casado com um católico havia algumas semanas. Não havia sido educada para pensar que fazia muita diferença com quem eu me casava, contanto que ficasse longe das seitas esquisitas em que as pessoas não bebem no casamento (minha avó só era anglicana por acaso. Os irmãos dela eram católicos, mas não havia um padre nas redondezas no ano em que ela precisava ser batizada), e eu estava atônita com a posição do bispo Pike, que parecia ser a de que eu não só havia cometido um erro como tinha todos os direitos e as obrigações morais de desfazer esse erro ao considerar meu casamento inválido, e quaisquer promessas que eu tivesse feito também inválidas. Em outras palavras, o jeito era esquecer aquilo e começar de novo.

No fim das contas, não roubei *If You Marry Outside Your Faith* e, ao longo dos anos, passei a acreditar que havia lido o título errado. Depois de levar a origem dele em consideração, não tenho mais tanta certeza.

"Jim nunca limpou a própria sujeira", observou um amigo, lembrando-se do hábito dele de abrir uma camisa nova e não jogar a embalagem no lixo. A aplicação desse *élan* parece ter ido além da roupa. Lá estava um homem que se movimentou pela vida acreditando que tinha o direito de esquecer e recomeçar, de abandonar mulheres quando se tornavam difíceis e acabar com amizades quando se tornavam entediantes. Ele simplesmente *seguia em frente*, descartando aqueles que faziam objeções como mesquinhos e "julgadores", em geral intimidados pela visão superior e mais dinâmica dele das possibilidades humanas. O fato de haver uma ambivalência e uma falsidade nessa aptidão para se deslocar por fronteiras morais não passou despercebido, mas, na pressa de chamar a vida de "apenas humana", suspeito que estamos ignorando o verdadeiro interesse dela, que é o de uma história social. O homem era um Michelin dos próprios tempo e lugar. No auge da carreira, James Albert Pike carregou a cruz da paz (tinha posto de lado a cruz peitoral durante toda a Guerra do Vietnã, que durou mais do que ele) por cada matagal de charlatães da vida norte-americana, do Center for the Study of Democratic Institutions ao Aspen Institute of Humanistic Studies e ao Spiritual Frontiers, que, na época, era a Fundação Ford para os negócios do espírito. James Albert Pike estava em todos os lugares na hora exata. Estava em Genebra para a

Pacem in Terris. Estava em Baltimore para o julgamento dos Nove de Catonsville, apesar de ter precisado se informar da questão no carro que o buscou no aeroporto. Estava no cômodo exato na hora exata para entrar em contato com o filho, Jim Jr., que aparentemente se suicidou com xarope Romilar em uma sessão espírita. Nada parava o homem. Se a morte era um empecilho, então comece de novo e a reinvente como "o outro lado". Se a fé era um empecilho, então abandone a igreja e a reinvente como "Fundação para a Transição Religiosa".

O senso de que o mundo pode ser reinventado cheira aos anos 1960 dos Estados Unidos, aqueles em que parecia que ninguém tinha lembrança de ancoradouro, e, em certo sentido, os anos 1960 foram aqueles para os quais James Albert Pike nasceu. Quando o homem que começou como vencedor jazia morto no deserto, seu cunhado se juntou à equipe de buscas e rezou pela ajuda de Deus, de Jim Jr. e de Edgard Cayce. Acho que nunca ouvi falar de uma trindade mais comovente.

1976

Água benta

ALGUNS DE NÓS que vivem nas partes áridas do mundo pensamos em água com uma reverência que outras pessoas podem achar excessiva. A água que vai sair amanhã da minha torneira em Malibu está cruzando hoje o deserto de Mojave, vinda do rio Colorado. Gosto de pensar onde exatamente essa água está. A água que vou beber hoje à noite em um restaurante em Hollywood está debaixo do aqueduto de Los Angeles, vinda do rio Owens, e também penso em onde essa água está. Gosto sobretudo de imaginá-la enquanto cascateia pelos degraus de pedra de 45 graus de inclinação que arejam a água do Owens depois da passagem abafada através dos canos e sifões da montanha. Por acaso minha reverência pela água sempre assumiu a forma dessa reflexão constante que gira em torno de onde a água está, de um interesse obsessivo não pelos aspectos políticos da água, mas pelos sistemas hídricos em si, pelo movimento da água através de aquedutos, sifões, bombas, reservatórios, tanques, barragens e drenagens, pela canalização em grande escala. Conheço dados de projetos hídricos que nunca vou ver. Sei da dificuldade que a Kaiser teve para fechar as duas últimas comportas dos canais na represa Guri, na Venezuela. Continuo observando a evaporação na Assuã no Egito. Consigo me fazer pegar no sono imaginando a água caindo por trezentos metros dentro das turbinas em Churchill Falls, em Labrador. Se o projeto Churchill Falls não se materializar, recorro a sistemas hídricos mais próximos — o canal na represa Hoover no Colorado, o tanque de compensação nas montanhas Tehachapi, que recebe do aqueduto da Califórnia água bombeada a uma altitude em que jamais foi bombeada antes — e, por fim, repasso uma manhã aos 17 anos em que fui surpreendida, em um bote salva-vidas militar, na construção da represa Nimbus no rio American, perto de Sacramento. Lembro que quando aquilo aconteceu eu estava tentando abrir uma lata de anchovas com alcaparras. Lembro-me do bote salva-vidas girando na queda-d'água pela qual o rio fora temporariamente desviado. Lembro-me de ficar loucamente feliz.

Suponho que foi em parte a lembrança daquela loucura que me levou a visitar, em uma manhã de verão em Sacramento, o Centro de Controle de Operações do Projeto Hídrico do Estado da Califórnia. Na verdade, tanta água é movimentada de um lado para outro da Califórnia, por tantos órgãos diferentes, que possivelmente só os próprios movimentadores sabem em qual dia qual água vai estar em qual lugar, mas, para se obter um panorama geral, basta lembrar que Los Angeles movimenta um pouco, São Francisco movimenta um pouco, o Bureau of Reclamation do projeto do Central Valley movimenta um pouco e o Projeto Hídrico do Estado da Califórnia movimenta a maior parte do que resta, um volume enorme, mais água a uma distância maior do que jamais se movimentou em qualquer lugar. Eles coletam essa água nos poços de granito em Sierra Nevada e armazenam aproximadamente um trilhão de litros atrás da represa Oroville. Todas as manhãs, no escritório central do Projeto em Sacramento, decidem quanto dessa água querem movimentar no dia seguinte. Tomam essa decisão matinal de acordo com a oferta e a demanda, o que é fácil na teoria, mas um tanto mais complicado na prática. Em tese, cada uma das cinco divisões de campo do Projeto — a de Oroville, a Delta, a San Luis, a San Joaquin e as divisões do sul — telefona para o escritório central antes das nove horas da manhã e avisa aos operadores quanta água é necessária para os contratantes locais, que, por sua vez, basearam suas estimativas matinais em pedidos de agricultores e outros grandes usuários. Um cronograma é feito. As comportas abrem e fecham de acordo com o cronograma. A água flui para o sul e o fornecimento é feito.

Na prática, isso exige uma coordenação prodigiosa, precisão e os melhores esforços de várias mentes humanas e de um Univac 418. Na prática, pode ser necessário conter enormes fluxos de água para a produção de energia, ou expulsar a salinidade que invade o delta do Sacramento-San Joaquin, o ponto mais sensível do sistema no sentido ecológico. Na prática, uma chuva inesperada pode eliminar a necessidade de fornecimento quando o fornecimento já está a caminho. Na prática, o que está sendo fornecido é um volume gigantesco de água, não litros de leite ou carretéis de linha, e leva dois dias para movimentar um fornecimento desses de Oroville até o delta, que é o maior reservatório de água da Califórnia e é mantido vivo há alguns anos com sensores eletrônicos, equipamento de telemetria, homens bloqueando canais e cursos desviados e com a remoção de peixes das bombas. Leva talvez outros seis dias para movimentar essa mesma água pelo aqueduto da Califórnia do delta para Tehachapi e pôr morro acima para o sul da Califórnia. "Pôr um pouco morro acima" é o que dizem no Centro de Controle de Operações do Projeto quando querem indicar que estão bombeando água do aqueduto do fundo do vale de San Joaquin para e por cima das montanhas Tehachapi. "Baixar" é o que dizem quando querem indicar que estão diminuindo o nível da água em algum lugar do sistema. Eles podem pôr um pouco morro acima por controle remoto a partir desta sala em Sacramento com este Univac e seu painel enorme e suas luzes piscantes. Podem baixar um tanque em San Joaquin por controle remoto desta sala em Sacramento com suas portas trancadas, os alarmes tocando e os dados dos sensores na própria água sendo impressos a todo momento. Desta sala em Sacramento todo o sistema assume o aspecto de um perfeito brinquedo hidráulico de 3 bilhões de dólares. E, em certo sentido, é isso mesmo. "Vamos começar a drenar o Quail ao meio-dia" era a entrada das 10h51 no histórico de comunicação registrado eletronicamente no dia em que visitei o Centro de Controle de Operações. "Quail" é um reservatório no condado de Los Angeles com uma capacidade total de 1.636.018.000 litros. "Ok" foi a resposta gravada no histórico. Soube naquele momento que havia deixado escapar a única vocação com a qual tinha uma simpatia instintiva: eu queria drenar o Quail.

Poucas pessoas que conheço levam a conversa até o fim quando quero falar do fornecimento de água, mesmo quando saliento que esse fornecimento afeta a vida delas, de forma indireta, todos os dias. "De forma indireta" não é o suficiente para elas. Naquela manhã, contudo, várias pessoas foram afetadas não de forma indireta, mas "direta", pela maneira como a água se movimenta. Elas tinham estado no Novo México gravando um filme, do qual uma sequência requeria um rio fundo o bastante para submergir um caminhão, do tipo com uma cabine e uma carroceria e cinquenta ou sessenta rodas. O que aconteceu foi que nenhum rio perto da locação no Novo México tinha profundidade naquele ano. A produção foi, portanto, movida para Needles, Califórnia, onde, em geral, o rio Colorado tem, dependendo das liberações da represa Davis, de cinco a sete metros de profundidade. Agora, acompanhe isso com atenção: no dia anterior, tivemos uma tempestade tropical doida no sul da Califórnia, cinco centímetros de chuva em um mês que costuma ser seco, e como essa chuva inundou os campos e promoveu mais irrigação do que qualquer agricultor poderia desejar por vários dias, nenhuma água foi requisitada à represa Davis.

Sem requisição, sem liberação.

Oferta e demanda.

Como resultado, o Colorado tinha apenas dois metros de profundidade em Needles. O anseio de Sam Peckinpah

— submergir um caminhão por cinco metros — não era o tipo de demanda que alguém na represa Davis estava orientado a atender. Ou seja, a produção teve que encerrar seu fim de semana. As filmagens recomeçariam na terça-feira, contanto que alguns agricultores requisitassem água e as agências que controlam o Colorado a liberassem. Enquanto isso, iluminadores, ajudantes de iluminadores, câmeras, assistentes do diretor, supervisores de roteiro, motoristas dublês e talvez até mesmo Sam Peckinpah aguardaram em Needles, onde com frequência faz 43°C às 17 horas e é difícil conseguir jantar depois das vinte. É uma parábola californiana, mas verdadeira.

Sempre quis ter uma piscina, e nunca tive. Há mais ou menos um ano, quando se tornou de conhecimento geral que a Califórnia estava sofrendo com uma seca severa, muitas pessoas em locais ricos em água pareceram obscuramente satisfeitas, e faziam diversas referências aos californianos tendo que cobrir as piscinas com tijolos. Na verdade, uma vez que tenha sido enchida e o filtro tenha começado seu processo de limpar e fazer a água circular, uma piscina não requer quase nenhuma água, mas o caráter simbólico delas sempre foi interessante: uma piscina é compreendida, de forma errada, como uma armadilha de abundância, real ou pretensa, e como uma espécie de atenção hedonista ao corpo. Para muitos de nós no Oeste, no entanto, uma piscina é um símbolo não de abundância, mas de ordem, de controle sobre o incontrolável. Uma piscina é água, disponível e útil, e é, como tal, infinitamente relaxante aos olhos do Oeste.

É fácil esquecer que a única força natural sobre a qual temos algum controle aqui é a água, e isso apenas recentemente. Na minha lembrança, os verões da Califórnia eram caracterizados pelo barulho nos canos, que significava que o poço estava seco, e os invernos, por vigílias que duravam uma noite inteira em rios prestes a chegar à capacidade máxima, por barricadas com sacos de areia, por dinamite nos diques e por inundações no primeiro andar. Mesmo agora, o lugar não é tão hospitaleiro para o assentamento em larga escala. Enquanto escrevo, um incêndio persiste fora de controle por duas semanas nas cordilheiras atrás da costa de Big Sur. Inundações imprevistas na noite passada acabaram com todas as estradas principais para o condado de Imperial. Nesta manhã, notei uma rachadura fina em um ladrilho da sala de estar por conta do terremoto da semana passada, um de 4.4 que nunca senti. Na parte da Califórnia onde moro, a aridez é a característica mais notável do clima, e não estou contente de ver, este ano, os cactos se alastrando desenfreadamente até o mar. Neste inverno, a umidade deve cair a dez, sete, quatro. Ervas daninhas serão sopradas contra a minha casa e o som da cascavel vai ser duplicado graças à buganvília ressecada na entrada da garagem. A aparente tranquilidade da vida na Califórnia é uma ilusão, e aqueles que acreditam que a ilusão é real vivem aqui apenas da maneira mais temporária. Sei tão bem quanto qualquer um que existe um valor transcendente considerável em um rio correndo feroz e indomado, um rio correndo solto sobre o granito, mas também vivi sob um rio desses quando estava transbordando, e fiquei sem banho quando estava seco.

"O Oeste começa", escreveu Bernard DeVoto, "onde a média anual de chuvas fica abaixo de cinquenta centímetros". Essa talvez seja a melhor definição do Oeste que já li, e ajuda a explicar minha paixão por ver água fora de controle — embora muitos dos meus conhecidos continuem procurando implicações psicanalíticas nessa paixão. De fato explorei, de um jeito amador, a mais óbvia dessas implicações, e não vi nada de interessante. Certa realidade exterior se mantém, e resiste a interpretações. O Oeste começa onde a média anual de chuvas fica abaixo de cinquenta centímetros. Água é importante para as pessoas que não a têm, e o mesmo se aplica ao controle. Há uns quinze anos, rasguei um poema de Karl Shapiro de uma revista e o fixei na parede da minha cozinha. Esse pedaço de papel está agora na parede da minha sexta cozinha, e se desfaz um pouco sempre que o toco, mas o deixo ali pela última estrofe, que tem para mim o poder de uma oração:

> *Está chovendo na Califórnia, uma chuva constante*
> *Limpando as laranjas pesadas no galho*
> *Enchendo os jardins até os jardins encharcarem*
> *Luzindo as oliveiras, o ladrilho rebrilhando*
> *Encerando as folhas da camélia já mais verdes,*
> *Como o Nilo, os vales todos inundando.*

Pensei nesses versos quase sem parar na manhã em que fui visitar o Centro de Controle de Operações do Projeto Hídrico do Estado da Califórnia. Se quis drenar o Quail às 10h51 naquela manhã, quis, lá pelo começo da tarde, fazer muitas outras coisas. Quis abrir e fechar as comportas do Clifton Court Forebay. Quis produzir energia na represa San Luis. Quis escolher um tanque ao acaso no aqueduto, baixá-lo e depois tornar a enchê-lo, prestando atenção no ressalto hidráulico. Quis pôr um pouco de água morro acima e quis interromper todo o escoamento do aqueduto para o canal Cross Valley do Bureau of Reclamation, só para ver quanto tempo ia levar para alguém no Reclamation ligar e se queixar. Fiquei o máximo que consegui e observei o sistema em ação no painel grande com os botões de controle acesos. O relatório da salinidade do delta surgia em um dos teletipos atrás de mim. O relatório da maré do delta surgia em outro. O painel de terremoto, que fora dessensibilizado para o alarme soar (um som de bipe para o sul da Califórnia, um som agudo para o norte) só para aqueles terremotos que registrassem ao menos 3.0 na escala Richter, estava em silêncio. Não tinha mais o que fazer na sala. Ainda assim, queria ficar o dia inteiro ali. Queria ser aquela, naquele dia, que estava luzindo as oliveiras, enchendo os jardins e inundando todos os vales como o Nilo. Ainda quero.

1977

Muitas mansões

A NOVA RESIDÊNCIA oficial dos governadores da Califórnia, sem jardim, sem mobília e desocupada desde o dia em que a construção parou em 1975, está situada em quatro hectares de carvalhos e oliveiras em um penhasco com vista para o rio American nos arredores de Sacramento. Essa é a casa de 12 mil metros quadrados que Ronald e Nancy Reagan construíram. É a casa de dezesseis quartos na qual Jerry Brown preferiu não morar. É a casa desocupada que custou ao estado da Califórnia 1,4 milhão de dólares, não incluindo a propriedade, que foi adquirida em 1969 e doada ao estado por amigos dos Reagan, como Leonard K. Firestone, da Firestone Tire; Rubber e Taft Schreiber, da Music Corporation of America; e Holmes Tuttle, revendedor da Ford em Los Angeles. Três homens da manutenção passam o dia inteiro nessa casa vazia tentando manter as janelas à prova de balas limpas, as teias espanadas, a grama verde e as cascavéis perto do rio e longe das 35 portas externas de madeira e vidro. Durante a noite inteira nessa casa vazia, as luzes ficam acesas atrás da cerca de arame de dois metros, e os cães de guarda ficam deitados na baía, e o telefone, quando toca, assusta pelo fato de ainda funcionar.

"Residência do governador", atendem os guardas, as vozes lacônicas, eficientes, quase como se houvesse algum governador fantasma com o qual fazer contato. A grama cresce no que era para ter sido a quadra de tênis. Ela cresce no que era para ter sido a sauna, no que era para ter sido a piscina. O American é o rio no qual ouro foi descoberto em 1848, e um dia fluiu veloz e abundante por aqui, mas então construíram represas rio acima e tiveram anos secos. Grande parte do leito está exposta. A margem oposta foi dragada e nivelada. Que o nível do rio esteja baixo não tem, no entanto, importância, já que uma das muitas peculiaridades da nova residência do governador é estar situada de forma a não ter uma vista clara do rio.

É uma estrutura totalmente curiosa, essa da casa dos sonhos de um andar e 1,4 milhão de dólares de Ronald e Nancy Reagan. Se a casa estivesse à venda (e provavelmente não vai estar, já que, na época em que custava 1,4 milhão, os corretores de uma imobiliária local pareceram concordar que 300 mil dólares era o preço mais alto já pago por uma casa no condado de Sacramento), as palavras usadas para descrevê-la seriam "aberta" e "contemporânea", embora, tecnicamente, não seja nenhuma das duas coisas. "Circulação" é uma palavra que surge bastante quando se está andando pelo lugar, e o mesmo acontece com "parece". As paredes *parecem* adobe local, mas não são. São os mesmos blocos de concreto, rebocados e pintados com uma cor creme amarelada obsoleta, usada em supermercados, conjuntos habitacionais e fábricas da Coca-Cola. As molduras das portas e as vigas expostas *parecem* de sequoia nativa, mas não são. São de madeira de construção de qualidade indeterminada, manchada de marrom. Se alguém algum dia se mudar para lá, os pisos de concreto vão ser acarpetados, parede a parede. Se alguém algum dia se mudar para lá, as 35 portas externas de madeira e vidro, possivelmente a única característica marcante na casa, vão ser, de acordo com o plano, "cobertas". Os banheiros são pequenos e não têm nada fora do comum. Os quartos da família dão direto para a piscina inexistente, com todo o potencial para barulho e distração. Ao lado da lareira na sala de visitas há o que é conhecido como "bar completo", um balcão para garrafas e copos com uma pia e uma longa bancada com cobertura de vinil. (O vinil "parece" ardósia.) Na casa inteira só há estantes suficientes para uma coleção de enciclopédias, algumas obras do clube do livro e quem sabe mais três estatuazinhas de cerâmica e uma coleção da revista *Connoisseur*, mas há outros 90 mil dólares em armários de teca, incluindo um "espaço de petiscos" na "sala de jogos". Há o mais ubíquo de todos os "traços de ostentação": um bidê no banheiro principal. Há uma daquelas cozinhas que parecem planejadas exclusivamente para descongelar coisas no micro-ondas e compactar lixo. É uma casa construída para uma família que gosta de lanchar.

Ainda assim, não obstante os eletrodomésticos, é difícil ver para onde foi 1,4 milhão. O lugar foi chamado de "Taj Mahal" por Jerry Brown. E também de "elefante branco", "resort", "um monumento ao ego colossal do ex-governador". Não chega a ser nenhuma dessas coisas. De maneira espantosa, é meio que uma versão ampliada de um tipo bem comum de casa californiana, um monumento não a um ego colossal, mas a uma estranha ausência de ego, um estudo de caso na arquitetura das possibilidades limitadas, insistente e maldosamente "democrática", achatada, medíocre e "aberta", tão carente de privacidade ou de excentricidade pessoal quanto um saguão de hotel. É a arquitetura da "música de fundo", dos decoradores, do "bom gosto". Lembro-me de entrevistar Nancy Reagan certa vez, em uma época em que o marido dela era governador e a construção dessa casa ainda não tinha começado. Dirigimos até o Capitólio naquele dia, e a sra. Reagan me mostrou como havia iluminado e reavivado os escritórios substituindo o velho couro lustroso nas paredes pelo tipo de estopa bege que, na época, era o favorito nos prédios comerciais. Menciono esse fato porque ele ficou na minha cabeça enquanto andava pela casa vazia no rio American perto de Sacramento.

De 1903 até Ronald Reagan, que viveu em uma casa alugada em Sacramento enquanto era governador (1.200 dólares por mês, a serem pagos pela Califórnia a um grupo de amigos dos Reagan), os governadores do estado viveram em uma enorme casa branca em estilo gótico vitoriano nas ruas 16h e H em Sacramento. Essa casa era extremamente singular, tinha três andares, uma cúpula e "Columbia, the Gem of the Ocean" entalhado na moldura superior de cada porta. Foi construída em 1877 por um comerciante de ferragens de Sacramento chamado Albert Gallatin. O estado pagou 32.500 dólares por ela em 1903, e meu pai nasceu em uma casa a um quarteirão de distância, em 1908. Desde então, essa parte da cidade decaiu e foi tomada por pequenos negócios, o tipo de lugar onde Squeaky Fromme e Patricia Hearst podiam ir e provavelmente cuidar da vida delas sem serem notadas, mas a Mansão do Governador, desocupada e aberta ao público como o Marco Histórico Estadual número 823, continua sendo o principal exemplo de arquitetura doméstica excêntrica de Sacramento.

Por acaso eu costumava ir lá de vez em quando, na época em que Earl Warren era o governador e a filha dele, Nina, estava um ano na minha frente na C.K. McClatchy Senior High School. Nina era sempre chamada de "Queridinha" nos jornais e na revista *Life*, mas de "Nina" na C.K. McClatchy Senior High School e de "Nina" (ou às vezes "Warren") nas reuniões semanais do Mañana Club, uma instituição local que nós duas frequentávamos. Lembro-me de ser iniciada no Mañana Club certa noite na antiga Mansão do Governador, em uma cerimônia que incluiu ser vendada e ficar de pé no quarto de Nina em um estado de extrema apreensão por conta de ritos secretos que nunca aconteceram. Era costume que as integrantes lançassem insultos amenos às iniciadas, e lembro-me de ficar perplexa ao ouvir Nina, que à luz dos meus 14 anos era a garota de 15 anos mais glamourosa e inatingível dos Estados Unidos, me definir como "fechada em si mesma". Naquela noite, na Mansão do Governador, entendi pela primeira vez que meu rosto, aos olhos do mundo, não era necessariamente o rosto no espelho. "Sem fumar no terceiro andar", todo mundo dizia. "A sra. Warren *mandou*. Sem fumar no terceiro andar, *senão...*"

Fosse ou não um barril de pólvora, a antiga Mansão do Governador era, naquela época, minha casa favorita no mundo, e provavelmente ainda é. Na manhã depois de ter sido apresentada à nova "residência", visitei a antiga "Mansão", me juntei à visita guiada com um grupo de talvez vinte pessoas, nenhuma das quais parecia achá-la tão perfeita quanto eu. "Todas essas escadas", murmuravam, como se escadas tivessem deixado de ser toleradas pela fisiologia humana. "Todas essas escadas" e "todo esse espaço vazio". A antiga Mansão do Governador tem escadas e espaços vazios, que são precisamente duas boas razões pelas quais continua sendo o tipo de casa em que seis garotas adolescentes podiam se reunir e jamais interromper a vida da família. Os quartos são grandes e privados e têm pé-direito alto. Não dão de cara para a piscina e é possível se imaginar lendo em um deles, ou escrevendo um livro, ou fechando a porta para chorar até a hora do jantar. Os banheiros são grandes e arejados. Não têm bidês, mas têm espaço para cestos de roupa suja, penteadeiras e cadeiras onde se sentar para ler uma história a uma criança na banheira. Há corredores amplos e estreitos, escadas na frente e nos fundos, quartos de costura, quartos de passar roupa, quartos secretos. No espelho dourado da biblioteca há um entalhe com um busto de Shakespeare, bastante extravagante para um comerciante de ferragens em uma cidade agrícola da Califórnia em 1877. Não há nenhum compactador de lixo na cozinha e nenhuma "ilha" com eletrodomésticos embutidos, mas há duas despensas e uma mesa velha e boa com um tampo de mármore para abrir massa com o rolo, preparar bolinhos divinos e folhas de chocolate. Na manhã em que fiz a visita, nosso guia perguntou se alguém conseguia adivinhar por que a velha mesa tinha tampo de mármore. Havia mais ou menos outras doze mulheres no grupo, todas com idade para ter cozinhado um sem-número de refeições, mas nenhuma delas era capaz de pensar em um uso sequer para uma placa de mármore na cozinha. Ocorreu-me que enfim evoluímos para uma sociedade em que saber o que é um mármore para uso culinário, como o gosto por escadas e portas fechadas, podia ser interpretado como "elitista". Ao deixar a Mansão do Governador, eu me sentia como a heroína de *Birds of America*, de Mary McCarthy, aquela que situava o declínio moral dos Estados Unidos no desaparecimento do prato de entrada.

Um guarda dorme à noite na antiga mansão, que foi declarada imprópria para habitação pelos bombeiros do estado. Custa em torno de 85 mil por ano manter guardas na nova residência oficial. Enquanto isso, o atual governador da Califórnia, Edmund G. Brown Jr., dorme em um colchão no famoso apartamento pelo qual paga 275 dólares por mês do próprio salário de 49.100 dólares por ano. Isso tem um valor simbólico considerável e poderoso, assim como as duas casas vazias, sobretudo a casa que os Reagan construíram perto do rio. Atualmente é um grande argumento no Capitólio "nunca ter visto" a casa perto do rio. O próprio governador "nunca a viu". A assessora de imprensa do governador, Elisabeth Coleman, "nunca a viu". O chefe de gabinete do governador, Gray Davis, admitiu tê-la visto, mas só uma vez, quando "Mary McGrory queria vê-la". "Essa casa invisível perto do rio não faz", afirmou Jerry Brown, "o meu estilo".

A bem da verdade, este é precisamente o argumento em relação à casa perto do rio — a casa não faz o estilo de Jerry Brown, não faz o estilo de Mary McGrory, *não faz nosso estilo* —, e é um argumento que traz certo problema, já que a casa obviamente *faz* o estilo não só do predecessor de Jerry Brown, mas de milhões de eleitores de Jerry Brown. Palavras são escolhidas com cuidado. Objeções razoáveis são construídas. Escutamos falar que a casa é longe demais do Capitólio, longe demais da Assembleia Legislativa. Escutamos falar que é uma insensatez manter uma instalação tão luxuosa para um governador solteiro. Ouvimos dizer que o temperamento do governador é austero. Ouvimos dizer todas as razões possíveis para não se viver na casa exceto aquela que importa: esse é o tipo de casa que tem um bar completo na sala de estar. É o tipo de casa que tem um espaço de petiscos. Não é o tipo de casa em que se mora, mas não há maneira de dizer isso sem cair em questões delicadas, voláteis e, por fim, inadmissíveis de gosto, e, em último caso, de classe. Raras vezes vi uma casa que evocasse tanto o indizível.

1977

O Getty

O LUGAR PODERIA ter sido feito sob medida para *Um Beatle no paraíso*. Misteriosa e um tanto vertiginosamente esplêndida, escondida em um pequeno bosque de sicômoros logo acima da rodovia Pacific Coast em Malibu, uma celebração da alta cultura que produziu multidões e engarrafamentos de forma tão rápida que agora só pode ser acessada com hora marcada, a *villa* de 17 milhões de dólares construída pelo falecido J. Paul Getty para abrigar suas antiguidades, pinturas e mobília consegue atingir um nervo peculiar em praticamente qualquer um que a vê. Desde o começo, disseram que o Getty era vulgar. Disseram que era "a Disney". Disseram até mesmo que o Getty era judeu, se não interpretei mal o subtexto em "como uma sala de jantar de um *nouveau-riche* em Beverly Hills" (*Los Angeles Times*, 6 de janeiro de 1974) e "enfeitado como uma sala de jantar de Bel-Air" (*The New York Times*, 28 de maio de 1974).

O Getty parece atiçar desconfortos sociais em níveis que não são fáceis de serem compreendidos. Mencionar o museu nas mais esclarecidas daquelas mesmíssimas salas de jantar com que dizem que ele se parece é convocar um tipo de escárnio nervoso, como se o lugar fosse uma farsa local, uma afronta perversa e deliberada ao discreto bom gosto e elegância geral de todos à mesa. Os pisos e as paredes de mármore com padrão intricado do Getty são "espalhafatosos". Os murais ilusionistas no pórtico do Getty são "de estúdio de cinema". A construção inteira, uma improvisação moderna de uma *villa* enterrada pela lama do Vesúvio em 79 d. C. e vista de novo apenas de forma fugaz durante a construção de um túnel perto de Herculano no século XVIII, é ritualisticamente rejeitada como "inautêntica", embora seja difícil dizer o que "autêntico" poderia significar naquele contexto.

Algo a respeito do lugar constrange as pessoas. A coleção em si é muitas vezes chamada de "esse tipo de coisa", como em "nem sequer é a melhor nesse tipo de coisa", ou "totalmente de primeira se você gosta desse tipo de coisa" ambos traduzidos como "não é o nosso tipo de coisa". As galerias revestidas de damasco com pinturas renascentistas e barrocas do Getty são claramente esse tipo de coisa, pouco havendo no temperamento moderno que responda a papas e bebês libertinos, e o mesmo acontece com a disposição um tanto implacável da mobília no Getty. Uma escrivaninha Luis XV costuma satisfazer o olhar moderno somente se tiver sido desmistificada por uma jarra com flores do campo e alguns instantâneos com moldura prateada, como em uma fotografia de Horst para a *Vogue*. Mesmo as antiguidades mais famosas do Getty são, em larga medida, esse tipo de coisa, não evocando o próprio período, mas o furor por antiguidades dos séculos XVIII e XIX. A visão de uma cabeça grega deprime bastante pessoas, atinge um acorde aprisionado, faz com que elas se lembrem de livros na sala de estar da avó e de tudo que deveriam ter aprendido e nunca aprenderam. Essa nota de "aprendizado" permeia toda a coleção grega. Mesmo os impressionistas adquiridos pelo Getty foram removidos há pouco tempo das galerias públicas e postos de lado como irrelevantes. A coleção do Getty é de certa forma acusadora, e bastante inacessível para gerações educadas na convicção de que um museu é feito para ser divertido, com móbiles de Calder e cadeiras Barcelona.

Em resumo, o Getty é um monumento às "belas-artes" no sentido didático e antiquado. Isso é parte do problema que as pessoas têm com ele. O lugar resiste às noções contemporâneas a respeito do que a arte é, deveria ser ou alguma vez foi. Hoje em dia, espera-se que um museu ilumine a imaginação destreinada, mas esse museu não faz isso. Hoje em dia, espera-se que um museu liberte a espontaneidade da criança em cada um de nós. Não é o caso. Essa arte foi adquirida para ensinar uma lição, e também há uma lição na construção que a abriga: o Getty nos diz que o passado talvez tenha sido diferente e não do jeito como gostamos de percebê-lo. Mármores antigos não eram sempre desbotados e gastos de uma maneira atraente. Mármores antigos surgiram um dia assim como surgiram aqui: como uma evidência estridente e opulenta do poder imperial, como aquisição. Murais antigos não eram sempre descorados, suaves e "de bom gosto". Murais antigos foram um dia o que são aqui: uma espécie de sonho de um chefão da máfia. Fontes antigas um dia funcionaram, e sufocaram aquele mesmo silêncio que passamos a esperar e desejar do passado. Bronze antigo um dia brilhou ostensivamente. É desconcertante, mas o velho mundo um dia foi novo, ou até mesmo *nouveau*, como as pessoas gostam de dizer ao se referir ao Getty. (Nunca tive certeza do que a palavra "*nouveau*" significa nos Estados Unidos, uma vez que sugere que o falante está contemplando seiscentos anos de gramados bem-cuidados.) Em uma época em que todas as nossas convenções públicas permanecem enraizadas em um tipo de romantismo exaurido, quando a celebração da capacidade natural do homem de se mover para a frente e para cima se tornou um tipo de tique oficial, o Getty nos apresenta um exemplo ilustrado da dúvida clássica. Ele nos informa que pouca coisa mudou. O Getty nos diz que nunca fomos melhores do que somos e nunca seremos melhores do que fomos. Ao dizer isso, faz uma declaração política bastante impopular.

O fundador do Getty pode ou não ter tido uma declaração parecida em mente. De certa forma, ele só parece ter desejado fazer algo que ninguém mais podia ou ia fazer. No seu livro póstumo, *As I See It*, ele nos informa que nunca quis "uma daquelas estruturas de concreto tipo *bunker*, que estão em alta entre os arquitetos de museu". Ele se recusou a pagar por qualquer "monstruosidade de vidro fumê e aço inoxidável". Ele nos garante que não ficou "abalado ou surpreso" quando a *villa* foi concluída e "certos críticos bufaram". Tinha "calculado os riscos". Sabia que estava desrespeitando as visões "doutrinárias e elitistas" que acreditava serem endêmicas em "vários centros do mundo da arte (ou seria artesanato decorativo?)".

Doutrinárias e elitistas. Artesanato decorativo. À primeira vista, o Getty ia parecer um caso de "ele sabia do que gostava, foi lá e construiu", uma evasão fiscal do universo um tanto sórdido dos ricos internacionais. Ainda assim, o uso da palavra "elitista" atinge uma nota interessante. O homem que construiu o Getty para si nunca o viu, embora o museu tenha sido inaugurado um ano e meio antes de sua morte. O homem parece ter gostado de planejá-lo. Aprovou pessoalmente cada amostra de tinta. Sentiu um enorme prazer com cada carta recebida de qualquer um que visitou o museu e gostou (essas cartas eram encaminhadas para ele pela equipe da instituição), mas a ideia do lugar parece ter sido o suficiente, e a ideia era essa: aqui estava um museu construído não para aqueles críticos elitistas, mas para "o público". Um museu que seria mantido para sempre apenas pelo fundador, que nunca dependeria de fundos municipais, estaduais ou federais, um lugar para sempre "aberto ao público e isento de quaisquer taxas".

Com efeito, um grande número de pessoas que não costumam visitar museus gostam muito do Getty, como o fundador sabia que iam gostar. Há um daqueles segredos sociais peculiares em ação aqui. Em geral, "os críticos" desconfiam de grandes fortunas, mas "o público" não. Em geral, "os críticos" aderem à visão romântica das possibilidades do homem, mas o público não. No fim das contas, o Getty se situa acima da rodovia Pacific Coast como um daqueles monumentos estranhos, um contrato palpável entre os muitos ricos e as pessoas que menos desconfiam deles.

1977

Burocratas

NA PORTA FECHADA no andar de cima do número 120 da South Spring, no centro de Los Angeles, está escrito CENTRO DE OPERAÇÕES. Um silêncio reverente predomina no cômodo sem janelas do outro lado da porta fechada. Das seis às dezenove horas, neste cômodo sem janelas, homens se sentam diante de painéis observando um quadro gigantesco com luzes coloridas piscando. "Ataque cardíaco", alguém vai murmurar. "Daqui a pouco teremos um efeito torpor." O número 120 da South Spring é o escritório do Caltrans de Los Angeles, ou Departamento de Transportes da Califórnia, e o centro de operações é onde os engenheiros do Caltrans monitoram o que chamam de "o circuito dos 67 quilômetros". O circuito dos 67 quilômetros é simplesmente o triângulo formado pelas interseções das autoestradas de Santa Monica, San Diego e Harbor, e 67 quilômetros representam menos de dez por cento da quilometragem das autoestradas só no condado de Los Angeles, mas esses 67 quilômetros em particular são observados no número 120 da South Spring com uma veneração especial. O circuito é um "sistema de demonstração", uma frase muito apreciada por todo mundo no Caltrans, e é parte de um "projeto piloto", outras duas palavras que carregam um peso totêmico na South Spring.

O circuito tem sensores eletrônicos embutidos a cada oitocentos metros na pista, que contam os carros que passam a cada vinte segundos. Ele tem uma mente própria, um computador Xerox Sigma V que imprime, dia e noite, registros de vinte segundos do que está e do que não está se movendo em cada uma das oito pistas do circuito. É o Xerox Sigma V que faz o quadro grande piscar em vermelho quando o tráfego cai abaixo de 24 quilômetros por hora. É o Xerox Sigma V que diz à equipe de operações quando eles têm um "incidente". Um "incidente" pode ser um ataque cardíaco na de San Diego, o caminhão que derrapou na de Harbor, o Camaro que acabou de arrancar a cerca de arame na de Santa Monica. "Lá" é onde os incidentes ocorrem. O cômodo sem janelas no número 120 da South Spring é onde os incidentes são "verificados". "Verificação de incidente" é ligar o circuito fechado de TV no painel e assistir ao tráfego diminuindo para ver (esse é o "efeito torpor") onde o Camaro arrancou a cerca.

A bem da verdade, existe certo elemento de "circuito fechado" em todo o clima da central de operações. "Verificar" o incidente, no fim das contas, não o "previne", o que confere à iniciativa uma espécie de distância hipnótica. Alguns dias atrás, quando visitei o número 120 da South Spring, fiz um considerável esforço para me lembrar do que tinha ido falar: o trecho específico do circuito chamado autoestrada de Santa Monica. A autoestrada de Santa Monica tem 26 quilômetros, vai do oceano Pacífico ao centro de Los Angeles ao longo do que é chamado no Caltrans de "o corredor Leste-Oeste", recebe mais tráfego diário do que qualquer outra autoestrada na Califórnia, tem a rampa de acesso que os especialistas dizem ser a mais bonita do mundo e parecia ter sido transformada pelo Caltrans, no decorrer de várias semanas antes de eu ir até o centro para falar sobre o assunto, em 26 quilômetros de estacionamento.

O problema parecia ser outra "demonstração" do Caltrans, ou "piloto", uma incursão no terrorismo burocrático que estavam chamando de "Pista Diamante" nos folhetos promocionais e de "Projeto" entre eles. Os folhetos promocionais, que consistiam em tabelas de ônibus (ou "Expressos da Pista Diamante") e convites para arranjar uma carona pelo computador ("computador facilitador"), deixavam claro não só o suposto objetivo do Projeto, que era encorajar viagens de carona e ônibus, mas também o verdadeiro objetivo, que era erradicar uma ilusão central do sul da Califórnia, a ilusão da mobilidade individual, sem ninguém nem mesmo notar. Aquilo não tinha funcionado muito bem. "Fiasco da autoestrada", era o título de uma matéria na primeira página do *Los Angeles Times*. "A pista diamante: outra derrota do Caltrans." "Projeto piloto do Caltrans: mais um em uma longa lista de fracassos." "Posição oficial da pista diamante: deixe eles reclamarem."

Em tese, tudo que a "Pista Diamante" envolvia era a reserva de pistas internas mais rápidas na autoestrada de Santa Monica para veículos que levavam três ou mais pessoas.

Na prática, isso significava que 25 por cento da autoestrada era reservada para três por cento dos carros, e havia outros contratempos estranhos aqui, sugerindo que o Caltrans se dedicara a tornar todo o deslocamento na região de Los Angeles o mais difícil possível. Veja, por exemplo, a questão das vias secundárias. Uma "via secundária" é qualquer coisa na região de Los Angeles que não é uma autoestrada ("ir pela secundária" de uma parte da cidade até a outra é, em geral, considerado idiossincrático), e vias secundárias não estão sob controle imediato do Caltrans, mas agora o engenheiro encarregado das vias secundárias estava acusando o Caltrans de ameaçá-lo e intimidá-lo. Parecia que o Caltrans queria que ele criasse uma "situação confusa e congestionada" nas vias secundárias a fim de empurrar os motoristas de volta para a autoestrada, onde encontrariam uma situação ainda mais confusa e congestionada, decidindo, por fim, ficar em casa ou pegar um ônibus.

"Estamos dando início a um processo de tornar mais difícil para os motoristas usar autoestradas", disse um diretor do Caltrans em uma reunião de trânsito alguns meses antes. "Estamos preparados para resistir a um clamor público considerável a fim de arrancar as pessoas de seus carros [...] Enfatizo que essa é uma decisão política, e uma que pode ser revertida se o público ficar suficientemente irado para nos chutar dali."

Claro que essa decisão política era em nome do bem maior, em prol da "melhoria ambiental" e da "conservação de recursos". Mesmo assim, os números tinham certa opacidade típica do Caltrans. A autoestrada de Santa Monica normalmente recebia 240 mil carros e caminhões todo dia. Esses carros e caminhões em geral transportavam 260 mil pessoas. O que o Caltrans descrevia como seu objetivo era transportar as mesmas 260 mil pessoas, "mas em 232.200 veículos". O número "232.200" tinha uma precisão visionária que não gerava confiança automática, sobretudo considerando que o único efeito até então havia sido o de atrapalhar o tráfego por toda parte da bacia de Los Angeles, triplicar o número de acidentes diários na autoestrada de Santa Monica, induzir a abertura de dois processos contra o Caltrans e levar um quantidade enorme de moradores do condado de Los Angeles a se comportar, de modo pouco característico, como um proletariado inflamado e consciente. Cidadãos guerrilheiros atiravam tinta e espalhavam pregos nas Pistas Diamante. As equipes de manutenção disseram ter medo do arremesso desses objetos. Lá no número 120 da South Spring, os arquitetos da Pista Diamante passaram a considerar "a mídia" como a criadora do constrangimento deles, e as declarações do Caltrans na imprensa foram crípticas e contraditórias, fazendo lembrar os antigos comunicados do Vietnã.

Para entender o que estava acontecendo talvez fosse necessário ter participado da experiência da autoestrada, que é a única forma de comunhão secular que Los Angeles tem. Apenas dirigir na autoestrada não é o mesmo que participar dela. Qualquer um pode "dirigir" na autoestrada, e um monte de gente sem vocação nenhuma dirige, hesitando aqui e resistindo ali, perdendo o ritmo da mudança de pista, pensando em de onde vieram e para onde estão indo. Participantes genuínos só pensam em onde estão. A participação genuína requer uma entrega completa, uma concentração tão intensa quanto um tipo de narcose, um êxtase da autoestrada. A mente fica limpa. O ritmo conduz. Ocorre uma distorção do tempo, a mesma distorção que caracteriza o instante antes de um acidente. Sair da autoestrada de Santa Monica para o National Overland leva apenas alguns segundos, e é uma saída difícil que requer que o motorista cruze duas novas pistas de tráfego fluindo da autoestrada de San Diego, mas esses poucos segundos sempre me parecem a parte mais demorada da viagem. O momento é perigoso. A alegria está em fazer aquilo.

"Na medida em que você adquire as habilidades especiais envolvidas", observou Reyner Banham em um capítulo extraordinário a respeito das autoestradas de seu livro de 1971, *Los Angeles: The Architecture of Four Ecologies*, "as autoestradas se tornam uma maneira especial de estar vivo […] A concentração extrema exigida em Los Angeles parece levar a um estado de consciência elevada que alguns moradores acham mística".

De fato, alguns moradores acham isso — e algumas pessoas que não moram aqui também. Reduzir o número de almas solitárias trafegando no corredor Leste-Oeste em um estado de êxtase mecanizado pode ou não ter parecido socialmente desejável, mas o que com certeza não ia parecer era fácil.

"Nós só estamos vendo um período inicial de estranhamento", me asseguraram no dia em que visitei o Caltrans. Eu conversava com uma mulher chamada Eleanor Wood, e ela estava total e profissionalmente apoiada na expressão "planejar", e não parecia provável que pudesse levá-la a se interessar pela autoestrada como um mistério regional. "Toda vez que você tenta reorganizar os hábitos diários das pessoas, elas ficam propensas a reagir de forma impetuosa. Tudo que esse projeto requer é certa reorganização do planejamento diário das pessoas. No fim das contas, é tudo que queremos."

Compreendo que certa reorganização do planejamento diário das pessoas pode parecer, em um ar menos rarefeito do que o respirado no número 120 da South Spring, coisa demais para se pedir, mas o senso de objetivo social nobre ali no centro de operações era tão impenetrável que não expressei essa reserva. Em vez disso, mudei de assunto e mencionei um "projeto piloto" anterior na autoestrada de Santa Monica: os grandes painéis de mensagens eletrônicos que o Caltrans instalara um ou dois anos antes. A ideia era que informações de tráfego transmitidas de Santa Monica para o Xerox Sigma V podiam ser traduzidas, aqui no centro de operações, em sugestões para o motorista, e emitidas de volta para Santa Monica. Essa operação, na medida em que envolvia dizer a motoristas, através de um meio eletrônico, o que eles já sabiam de forma empírica, tinha aquela circularidade um tanto espectral que parecia marcar um bom número dos programas do Caltrans, e eu estava interessada em como o departamento pensava que aquilo funcionava.

"Na verdade, os painéis de mensagens eram parte de um projeto piloto maior", disse a sra. Wood. "Um projeto que ainda está em execução sobre gerenciamento de incidentes.

Com as mensagens esperávamos entender se os motoristas modificariam seu comportamento de acordo com o que os painéis exibiam."

Perguntei se os motoristas tinham modificado seu comportamento.

"Na verdade, não", respondeu ela. "Não reagiram à sinalização exatamente como havíamos suposto que reagiriam. Mas se *soubéssemos* o que o motorista ia fazer... então não teríamos necessidade de um projeto piloto para início de conversa, não é?"

O círculo parecia intacto. A sra. Wood e eu sorrimos e nos cumprimentamos. Observei o painel grande até que todas as luzes ficaram verdes na de Santa Monica, fui embora e dirigi até em casa, por todos os seus 26 quilômetros. Ao longo do caminho, lembrei que era observada pelo Xerox Sigma V. Ao longo do caminho, painéis de mensagens me deram o número para telefonar e pedir INFORMAÇÕES DE CARONA. Quando deixava a autoestrada, ocorreu-me que talvez eles tenham um êxtase próprio no número 120 da South Spring, que poderia ser chamado de Perpetuar o Departamento. Hoje a polícia rodoviária da Califórnia reportou que, durante as seis primeiras semanas da Pista Diamante, acidentes na autoestrada de Santa Monica, que normalmente variam entre 49 e 72 no mesmo período, totalizaram 204. No dia anterior, foram anunciados planos de ampliar a Pista Diamante para outras autoestradas a um custo de 42,5 milhões de dólares.

1976

Bons cidadãos

1.

CERTA VEZ FUI convidada para uma reunião pelos direitos civis na casa de Sammy Davis Jr., nas colinas acima de Sunset Strip.

"Deixa eu te falar como chegar no Sammy", disse a mulher com quem eu estava conversando. "Você vira à esquerda na antiga Mocambo." Mocambo, no caso, é a antiga boate em Sunset Strip fechada em 1958.

Gostei de como a frase soava, resumindo algumas gerações daquele fervor vago peculiar que é a ação política em Hollywood, mas conhecidos para quem a repeti pareceram inquietos. A política não era considerada por todos uma fonte legítima de diversão em Hollywood, onde os ideais, reduzidos a escolhas entre o bem (igualdade é boa) e o mal (genocídio é mau), tendem a fazer até a conversa mais casual parecer uma manifestação.

"Aqueles que não conseguem lembrar o passado estão condenados a repeti-lo", alguém me disse no jantar não faz muito tempo e, antes que a gente terminasse as nossas *fraises des bois*, a pessoa tinha me advertido também que "nenhum homem é uma ilha". Ouço que nenhum homem é uma ilha uma ou duas vezes por semana, com muita frequência de indivíduos que acham que estão citando Ernest Hemingway. "Que sacrifício no altar do nacionalismo", escutei um ator dizer a respeito da morte do presidente das Filipinas em um acidente de avião. É um jeito de falar que tende a excluir uma discussão mais aprofundada, o que pode muito bem ser a intenção: a vida pública da Hollywood liberal inclui uma espécie de ditadura das boas intenções, um contrato social no qual a discordância real e irreconciliável é um tabu tão grande quanto o fracasso ou dentes ruins, uma atmosfera desprovida de ironia.

"Esses homens são nossos heróis não celebrados", disse uma mulher bastante charmosa e inteligente em uma festa em Beverly Hills. Ela estava falando da Legislatura Estadual da Califórnia.

Eu me recordo de passar uma noite em 1968, mais ou menos uma semana antes das primárias na Califórnia e da morte de Robert Kennedy, no Eugene's em Beverly Hills, um dos "clubes" abertos pelos apoiadores de Eugene McCarthy. O Eugene's, não muito diferente da própria campanha do senador McCarthy, tinha certo aspecto de *déjà-vu*, um brilho do humanismo de 1952: havia pôsteres de Ben Shahn nas paredes, e o aceno a uma luz estroboscópica não era nada que pudesse interferir na "boa conversa". A música não era o rock de 1968, mas o tipo de jazz que as pessoas costumavam pôr nas vitrolas quando todo mundo que acreditou na exposição Family of Man comprou talheres escandinavos de aço inoxidável e votou em Adlai Stevenson. Ali no Eugene's ouvi o nome "Erich Fromm" pela primeira vez em muito tempo, e vários outros nomes lançados pela mágica favorável que podiam operar ("Vi o senador em São Francisco, onde eu estava com o sr. Leonard Bernstein…"), e então o evento principal da noite: um debate entre William Styron e o ator Ossie Davis. Foi uma alegação do sr. Davis que, ao escrever *As confissões de Nat Turner*, o sr. Styron tinha encorajado o racismo ("O amor de Nat Turner por uma jovem branca, sinto que meu país pode ficar psicótico por conta disso"), e foi uma alegação do sr. Styron que não havia sido o caso. (David Wolper, que comprou os direitos para filmar *Nat Turner*, já tinha deixado sua posição bem clara: "Como alguém pode reclamar de um livro", questionou ele, na imprensa especializada, "que resistiu à prova crítica do tempo desde outubro passado?") Conforme a noite avançava, o sr. Styron falou cada vez menos, e o sr. Davis, cada vez mais ("Então você pode se perguntar: por que *eu* não gastei cinco anos e escrevi *Nat Turner*? Não vou comentar minhas razões, mas…"), e James Baldwin ficou sentado no meio, os olhos fechados e a cabeça jogada para trás em uma enorme agonia, mas um tanto teatral. O sr. Baldwin resumiu: "Se o livro de Bill não fizer nada além do que fez esta noite, é um acontecimento muito importante."

"Com certeza", exclamou alguém sentado no chão, e houve uma concordância geral de que tinha sido uma noite estimulante e significativa.

É claro que não houve nada de decisivo a respeito daquele noite no Eugene's em 1968, e é claro que você poderia me dizer que talvez tenha havido algo de bom nela.

Mas a estranha vaidade e a irrelevância daquela noite não me abandonaram, até porque essas qualidades caracterizam muitas das melhores intenções de Hollywood. Os problemas sociais se apresentam para essas pessoas em termos de cenário, no qual, uma vez que certas cenas-chave são superadas (o confronto nos degraus do tribunal, a revelação de que o líder da oposição tem um passado antissemita, a apresentação dos pormenores da acusação ao presidente, uma participação especial de Henry Fonda), o enredo vai avançar inexoravelmente em direção a um destino otimista. Marlon Brando, em um filme com um roteiro bem construído, não faz um piquete na penitenciária de San Quentin à toa: estamos falando aqui de fé em uma convenção dramática. Coisas "acontecem" em filmes. Sempre há uma resolução, sempre há uma linha dramática poderosa de causa e efeito. Perceber o mundo nesses termos é pressupor um desfecho para cada situação social. Se Budd Schulberg vai até Watts e organiza uma oficina de escritores, então "vinte jovens escritores" devem surgir daí, porque o cenário em questão é aquele familiar que fala sobre como o gueto fervilha de talentos brutos e vitalidade. Se as pessoas pobres marcham e acampam em Washington para receber trouxas de roupas coletadas no estacionamento da Fox por Barbra Streisand, então algum bem deve vir disso (aqui o roteiro tem um bom número de partes dramáticas, entre as quais uma noção sentimental de Washington como um fórum aberto, *cf. O galante Mr. Deeds*, não é a menos importante), e não há lugar na história para dúvidas.

Não há figurantes na política de Hollywood: todo mundo faz coisas "acontecerem". Por acaso moro em uma casa em Hollywood na qual, ao longo da segunda metade dos anos 1930 e da primeira metade dos anos 1950, uma célula de roteiristas do Partido Comunista se reunia com frequência. Algumas das coisas daquela época ainda estão na casa: um sofá stalinista enorme, o maior tapete de retalhos que já vi, caixas de *New Masses*. Algumas das pessoas que vinham às reuniões na casa estavam banidas, algumas nunca mais trabalharam e outras estão ganhando agora várias centenas de milhares de dólares por filme; algumas estão mortas, e outras estão amargas, e a maior parte delas mantêm vidas muito privadas. As coisas mudaram e, no fim das contas, não foram essas pessoas que fizeram as coisas mudarem, mas o entusiasmo e os debates delas às vezes parecem bem próximos de mim nesta casa. Em certo sentido, a casa sugere a vaidade particular de perceber a vida social como um problema a ser resolvido pela boa vontade dos indivíduos, mas não menciono isso para a maioria das pessoas que me visitam aqui.

2.

A bela Nancy Reagan, então esposa do governador da Califórnia, estava parada na sala de jantar da casa alugada na 45th Street em Sacramento, ouvindo um jornalista explicar o que queria fazer. Ela ouvia com atenção. Nancy Reagan é uma ouvinte muito atenta. O jornalista explicava que o público da televisão queria vê-la fazendo as atividades domésticas normais de uma manhã de terça-feira. Uma vez que eu também estava lá para vê-la fazendo suas atividades domésticas normais de uma manhã de terça-feira, parecíamos estar prestes a explorar certas fronteiras da mídia: o jornalista da televisão e os dois câmeras podiam ver Nancy Reagan sendo vista por mim, ou eu podia ver Nancy Reagan sendo vista pelos três, ou um dos câmeras podia recuar e produzir um *cinéma vérité* do restante de nós vendo e sendo vistos uns pelos outros. Eu tinha a nítida sensação de que estávamos indo em direção a algo revelador — a verdade sobre Nancy Reagan em 24 quadros por segundo —, mas o jornalista da televisão optou por ignorar a essência peculiar do momento. Ele sugeriu que víssemos Nancy Reagan colher flores no jardim.

"Isso é algo que você faria normalmente, não?", perguntou ele.

"Na verdade, sim", respondeu Nancy Reagan com entusiasmo.

Nancy Reagan diz quase tudo com entusiasmo, talvez porque já tenha sido atriz e tenha o hábito de atriz iniciante de dar até mesmo às frases mais casuais uma ênfase bem mais dramática que a exigida em uma manhã de terça-feira na 45th Street em Sacramento. "Na verdade", acrescentou ela, como se prestes a revelar uma surpresa deliciosa. "Na verdade, eu *realmente* preciso de flores."

Ela sorriu para cada um de nós, e cada um de nós sorriu de volta. Estávamos sorrindo à beça naquela manhã.

"E então", disse o jornalista da televisão de forma pensativa, avaliando a mesa de jantar, "mesmo que você tenha um lindo arranjo agora, a gente podia organizar a simulação de você colocando em um arranjo, sabe, as flores".

Sorrimos de novo, e Nancy Reagan entrou resoluta no jardim, munida de um cesto de palha decorativo de mais ou menos seis centímetros de diâmetro.

"Ah, sra. Regan", chamou o jornalista. "Posso perguntar quais flores vai selecionar?"

"Eu não sei", respondeu ela, parando com o cesto em um degrau do jardim. A cena estava desenvolvendo a própria coreografia.

"Você acha que poderia querer rododendros?"

Nancy Reagan olhou de um jeito crítico para o arbusto de rododendros. Aí ela se virou para o jornalista e sorriu.

"Sabia que agora existe uma rosa Nancy Reagan?"

"Não", disse ele. "Não sabia."

"É incrivelmente bonita. tem um tipo de... um tipo de tom coral."

"A... a rosa Nancy Reagan seria algo que você estaria inclinada a colher agora?"

Um repique prateado de riso.

"Eu certamente poderia *colher*. Mas não vou *usar*." Uma pausa. "*Posso* usar o rododendro."

"Legal", disse o jornalista. "Bem legal. Agora, se puder só ficar segurando a flor, sem cortá-la, enquanto responde..."

"Segurando a flor", repetiu Nancy Reagan, assumindo a posição na frente do arbusto de rododendro.

"Vamos fazer uma simulação", sugeriu o câmera.

O jornalista olhou para ele.

"Em outras palavras, está dizendo que quer que ela segure a flor sem cortá-la?"

"Isso. Segure a flor", falou o câmera. "Segure a flor."

3.

Do lado de fora do Miramar Hotel, em Santa Monica, uma pesada chuva subtropical caía havia dias. Ela descascou ainda mais a tinta dos hotéis desbotados e das pensões que davam para o Pacífico ao longo da Ocean Avenue. Escorreu pelas janelas vazias dos escritórios disponíveis para alugar, soltou os penhascos amolecidos da costa e intensificou o efeito mais característico de Santa Monica, o ar de abandono desalentado que sugere que o lugar sobrevive apenas como ilustração de um *boom* de falência, evidência de alguma falha irreversível na ética *laissez-faire* dos pequenos negócios. De qualquer ângulo imaginativo, Santa Monica pareceria um lugar excêntrico para a Câmara Júnior de Comércio dos Estados Unidos realizar um congresso nacional, mas lá estavam eles, mil representantes e esposas, reunidos no Miramar Hotel para uma implacável sucessão de banquetes, almoços de premiação, cafés da manhã de oração e reuniões de jovens rapazes extraordinários. Agora era o Almoço do Presidente e todo mundo ouvia um grupo animado chamado New Generation. Eu estava observando a esposa bem nova de um representante avaliando o almoço de maneira mal-humorada.

"Deixe outra pessoa comer essa lavagem", disse ela de repente, a voz cortando não só as amenidades da ocasião, mas também o *medley* de George M. Cohan do New Generation.

O marido dela desviou o olhar, e ela repetiu a frase. À minha esquerda, outro representante me incitava a perguntar para cada homem no recinto como a Jaycees, o apelido abreviado da Câmara Júnior de Comércio dos Estados Unidos, havia mudado a vida dele. Observei a garota sentada ali perto e perguntei para o representante como a Jaycees havia mudado a vida dele.

"Salvei meu casamento e construí meu negócio", sussurrou o homem. "Você pode achar mil histórias motivacionais bem aqui neste Almoço do Presidente."

A jovem esposa soluçava em um guardanapo cor-de-rosa. O New Generation marchou para um "Supercalifragilisticexpialidocious". Em vários sentidos, o 32º Congresso Anual dos Dez Jovens Rapazes Extraordinários dos Estados Unidos era um jeito curioso e perturbador de passar alguns dias nas primeiras semanas de 1970.

Suponho que fui para Santa Monica à procura da abstração mais tarde chamada de "classe média suburbana". Fui descobrir como os Jaycees, com sua ênfase à la Émile Coué em melhorar o mundo e eles mesmos ao mesmo tempo, tinham resistido a esses vários anos de choque cultural. Em um sentido bastante palpável, os Jaycees exemplificaram — em geral de forma tão ingênua que era comum ridicularizá-los — certas ideias compartilhadas por quase todas as pessoas em cidades pequenas e vilarejos dos Estados Unidos e por pelo menos algumas pessoas em cidades grandes, ideias compartilhadas de um jeito irrefletido até mesmo por aqueles que riam do proselitismo dos Jaycees, dos cafés da manhã com panquecas e das competições de veículos automotores. Havia a crença no sucesso nos negócios como um ideal transcendental. Havia a fé em que, se alguém se convertesse de "introvertido" para "extrovertido", se aprendesse a "falar de um jeito eficaz" e a "fazer o trabalho", o sucesso e seu correlato, a bênção espiritual, viriam de maneira natural. Havia a abordagem a problemas internacionais que interpretavam o mundo subdesenvolvido como uma área temporariamente deprimida e carente de programas da People-to-People. ("A promessa da Operação Irmandade varre as multidões fervilhantes da Ásia como um vento fresco do mar", lê-se em um relatório da Jaycee sobre um desses programas no final dos anos 1950.) Quando não pelo fato de que essas ideias, esses últimos estertores do darwinismo social, foram efetivamente compartilhadas por muitas pessoas que nunca se deram ao trabalho de articulá-las, me perguntei o que os Jaycees estavam pensando agora, me perguntei qual seria o estado de espírito deles em uma época em que, como seu presidente nacional disse um dia no Miramar, "parte tão grande dos Estados Unidos parece estar olhando pelo lado negativo".

De início, pensei que havia saído da chuva para entrar em um túnel do tempo: os anos 1960 pareciam não ter acabado. Todos esses Jaycees tinham, por definição, entre 21 e 35 anos, mas havia a tendência inquietante entre eles de ter se estabelecido total e definitivamente na meia-idade. Estava presente a jocosidade pesada, a retórica barroca que era de outra geração, um tipo de tentativa comovente de circum-navegar convenções sociais que tinham caído em desuso nos anos 1920. Esposas eram amorosas e tolerantes. Se reunir para beber era fazer um coquetel. A chuva era raio de sol líquido, e escolher uma mesa para jantar era tomar uma decisão executiva. Eles sabiam que este era um admirável mundo novo e diziam isso. Era tempo de "colocar a irmandade em ação", de "abrir as nossas vizinhanças para aqueles de todas as cores". Era tempo de "voltar a atenção às cidades", de pensar em centros de juventude, clínicas e no exemplo dado por um policial-pregador negro na Filadélfia que estava organizando uma manifestação em defesa da decência inspirada em Miami. Era tempo de "condenar a apatia".

A palavra "apatia" surgia sem parar, uma palavra esquisita para se usar em relação aos últimos anos, e levou um tempo até eu me dar conta do que ela significava. Não era uma simples palavra tirada dos anos 1950, quando a maioria daqueles homens tinha estagnado seu vocabulário: era uma palavra usada para indicar que poucos dos "nossos" estavam se manifestando. Era um clamor no deserto, e essa firme determinação de ir em cheio ao encontro de 1950 era uma espécie de refúgio. Aqui estavam algumas pessoas que tinham sido levadas a acreditar que o futuro era uma extensão racional do passado, que sempre haveria mundo e tempo suficientes para "voltar a atenção" para "problemas" e "soluções". É claro que não iam admitir os temores incipientes de que o mundo não era mais daquele jeito. É claro que não iam se juntar aos "céticos da moda". É claro que iam ignorar os "pessimistas sabichões". No final de uma tarde, eu me sentei no saguão do Miramar, vendo a chuva cair e o vapor subir da piscina aquecida do lado de fora e ouvindo alguns Jaycees discutindo os distúrbios estudantis e se a "solução" não poderia residir em grupos da Jaycee dentro dos campi. Pensei nessa noção fascinante por um bom tempo. Por fim, me ocorreu que eu estava ouvindo um verdadeiro submundo, a voz de todos aqueles que se sentiram não apenas chocados, mas pessoalmente traídos pela história recente. Era para ter sido a vez deles. Não foi.

1968-1970

Notas para uma Dreampolitik

1.

O PRESBÍTERO ROBERT J. Theobold, pastor daquela que era até 12 de outubro de 1968 a Friendly Bible Apostolic Church, em Port Hueneme, Califórnia, tem 28 anos, é nascido e criado em San Jose, um verdadeiro californiano cujo fluxo de lembranças podia abarcar somente os anos do *boom*; em outras palavras, um jovem que até 12 de outubro de 1968 passara a vida no centro nevrálgico da sociedade mais midiatizada e de tecnologia mais elaborada dos Estados Unidos e, portanto, do mundo. A aparência e (até certo ponto) o contexto dele são indistinguíveis daqueles de uma legião de operadores de computador e técnicos em aviônica. Ainda assim, este é um jovem que permaneceu intocado pelas mensagens constantes com as quais uma sociedade tecnológica bombardeia a si mesma, porque, aos 16 anos, ele tinha sido salvo e recebido o Espírito Santo em uma igreja pentecostal. O "irmão Theobold", como os oitenta e tantos membros da congregação dele o chamam, agora só recebe mensagens do Senhor, "sensações convincentes" o instruindo, por exemplo, a deixar San Jose e começar uma igreja em Port Hueneme, ou, mais recentemente, a conduzir a congregação, no dia 12 de outubro de 1698, de Port Hueneme para Murfreesboro, no Tennessee, a fim de evitar a destruição por um terremoto.

"Estamos partindo no dia 12, embora nenhuma informação me diga que vai acontecer antes do final de 1968", disse o irmão Theobold certa manhã, algumas semanas antes de ele e a congregação empilharem seus pertences em trailers e carros e deixarem a Califórnia pelo Tennessee. Ele estava tomando conta das crianças naquela manhã, e seu filho de 2 anos andava por ali sugando uma garrafa de plástico enquanto o irmão Theobold falava comigo e folheava as páginas de uma Bíblia trabalhada em couro.

"Esse ministro que ouvi, ele definitivamente disse que ia acontecer antes do final de 1970. No que me diz respeito, o Senhor me mostrou que com certeza está vindo, mas não me mostrou *quando*."

Mencionei para o irmão Theobold que a maioria dos sismólogos previa um grande terremoto iminente na falha de Santo André, mas ele não pareceu interessado: a visão do irmão Theobold do apocalipse não começou nem dependia do empírico. Em certo sentido, as mentes pentecostais se revelam de forma mais clara em algo como a profecia do terremoto do irmão Theobold. Nem ele nem os membros da congregação com quem conversei alguma vez se mostraram preocupados com as notícias nos jornais de que um terremoto já devia ter ocorrido.

"É claro que *ouvimos* falar dos terremotos", disse uma mulher de voz suave chamada irmã Mosley. "Porque a Bíblia menciona que vai haver mais e mais perto do fim dos tempos." Não havia necessidade de pensar duas vezes antes de levantar acampamento e se juntar a uma caravana para uma cidade pequena que poucos entre eles tinham visto. Ficava perguntando para o irmão Theobold como ele havia escolhido Murfreesboro, e repetidas vezes ele tentou me dizer: tinha "recebido um telefonema de um homem de lá" ou "Deus tinha orientado esse homem em especial a ligar nesse dia em especial". Não parecia que o homem tivesse feito uma súplica direta para o irmão Theobold levar o rebanho dele ao Tennessee, mas não havia dúvidas na mente do irmão Theobold de que essa era a intenção de Deus.

"Do ponto de vista natural, não me importo nem um pouco de ir para Murfreesboro", disse ele. "Acabamos de comprar este lugar, é o lugar mais bacana que já tivemos. Mas falei com o Senhor, e Ele respondeu: 'Ponha à venda.' Aceita um refrigerante?"

Podíamos estar falando línguas diferentes, o irmão Theobold e eu; é como se eu conhecesse todas as palavras, mas não soubesse gramática. Eu o questionava a respeito de pontos que pareciam ineluctavelmente claros para ele. Ele parecia ser uma dessas pessoas, muitas das quais gravitam em direção às seitas pentecostais, que se deslocam pelo Oeste e pelo Sul e pelos Estados Fronteiriços, eternamente derrubando árvores em alguma região erma do interior, pioneiros secretos que andam pelos gânglios do palpitar eletrônico fantástico que é a vida nos Estados Unidos e continuam recebendo informação só através dos boatos mais tênues, do pinga-pinga casual. Dentro das convenções sociais pelas quais vivemos agora não há uma categoria para pessoas como o irmão Theobold e a congregação dele, a maior parte da qual é jovem e branca e se declara alfabetizada. Eles não são os possuidores nem os despossuídos. Eles tomam parte nas ansiedades nacionais somente através de um vidro escuro. Eles ensinam as filhas a evitar maquiagem e a cobrir os joelhos, e acreditam em cura divina e em falar em línguas. Outras pessoas abandonam cidades como Murfreesboro enquanto eles se mudam para lá. Em certo sentido surpreendente, eles se mantêm intocados pelo saber comum e pela habilidade de fazer suposições rotineiras. Quando o irmão Theobold visitou Murfreesboro pela primeira vez, ficou surpreso ao descobrir que o tribunal de lá estava de pé desde a Guerra Civil.

"O mesmo *prédio*", repetiu ele duas vezes, e então sacou uma fotografia para comprovar. Nas regiões ermas do interior, a história não mancha ninguém de sangue, e não é coincidência que as igrejas pentecostais sejam mais influentes em lugares onde a civilização ocidental tem uma influência mais superficial. Há o dobro de igrejas pentecostais em relação a igrejas anglicanas em Los Angeles.

2.

A cena está quase no final de *The Wild Angels*, de Roger Corman, 1966, que foi a primeira e em vários sentidos a clássica exploração do filme de motoqueiros. Aqui está: os

Angels, liderados por Peter Fonda, estão prestes a enterrar um deles. Eles já destruíram a capela, espancaram e amordaçaram o pastor e fizeram um velório, durante o qual a namorada do homem morto foi estuprada no altar e o próprio corpo, escorado em um banco cheio de insígnias de motociclistas, óculos escuros cobrindo os olhos e um cigarro de maconha entre os lábios, foi transformado em um objeto de necrofilia. Agora estão parados ao lado da sepultura e, sem saber como tornar o momento marcante, Peter Fonda dá de ombros. "Nada a dizer" é a fala dele.

O que temos aqui é um momento obrigatório do filme de motoqueiros, o herói fora da lei aceitando o destino de homem: falo isso apenas para sugerir o clima especial desses longas. Vários deles são extraordinariamente bonitos, graças ao instinto para enxergar o verdadeiro Oeste norte-americano, para enxergar as bandeiras desbotadas tremulando em postos de gasolina abandonados e as ruas sem cor de cidades desertas. Esses são os filmes conhecidos no negócio como *programmers*, e pouquíssimos adultos chegaram a assistir um. A maioria é feita com menos de 200 mil dólares. São exibidos em Nova York apenas ocasionalmente. Ainda assim, por vários anos os filmes de motoqueiros constituíram um tipo de literatura popular secreta para adolescentes, localizaram um público e fabricaram um mito para expressar cada ressentimento incipiente desse público, cada anseio pela euforia extrema da morte. Morrer de forma violenta é "justo", um relâmpago. Continuar vivendo, como Peter Fonda observa em *The Wild Angels*, é tão somente continuar pagando o aluguel. Um filme de motocicleta bem-sucedido é um Rorschach perfeito para o público.

Vi nove deles recentemente, o primeiro quase por acidente e o resto com um bloco de anotações. Vi *Hell's Angels On Wheels* e *Hell's Angels '69*. Vi *Run Angel Run*, *The Glory Stompers* e *The Losers*. Vi *The Wild Angels*, vi *Violent Angels*, vi *The Savage Seven* e vi *The Cycle Savages*. Nem sequer sabia por que seguia em frente. Ter visto um filme de motoqueiros é ter visto todos, tão meticulosa é a maneira como os rituais são observados: tirar os motociclistas da cidade e colocá-los na estrada, "apostar uma corrida", aterrorizar os "cidadãos" inocentes, esgrimir com a polícia rodoviária e, por fim, encontrar a morte no fogo, em geral um fogo bastante literal, de fatalismo romântico. Sempre há aquele instante no qual o líder fora da lei se revela um herói existencial. Sempre há aquela sequência "perversa" na qual os motociclistas fustigam alguma barreira de som psíquica, degradam a viúva, violam a virgem, conspurcam a rosa e a cruz, irrompem do outro lado e, uma vez lá, não têm "nada a dizer". As imagens brutais toldam os olhos. A indiferença insensata de todos os personagens em um mundo de confusões rotineiras e mortes casuais assume uma lógica que é melhor deixar intocada.

Suponho que tenha ido em frente com esses filmes porque ali, na tela, havia algumas notícias que eu não estava recebendo pelo *The New York Times*. Comecei a pensar que estava vendo ideogramas do futuro. Assistir a um filme de motoqueiros é enfim perceber a que ponto a tolerância diante de pequenas irritações não é mais um traço tão admirado nos Estados Unidos, a que ponto uma tolerância inexistente para a frustração é vista não como psicopática, mas como um "direito". Um motociclista é pressionado no emprego por conta da suástica na jaqueta dele, então ele pega uma chave inglesa, ameaça o patrão e depois alega que o patrão "ficou nervoso". Um motociclista empurra um velho para fora da estrada: o velho estava "no caminho", e a morte subsequente dele é interpretada como apenas um incômodo a mais. Uma enfermeira entra em um quarto de hospital onde o motociclista a espanca até ficar inconsciente e a estupra. Mais tarde, ela fala com a polícia e o caso é apresentado como uma traição, como evidência de certa histeria feminina, desejo de vingança e carência sexual. Qualquer garota que "age feito idiota" recebe o que merece, e o que ela merece é uma surra e a expulsão do grupo. Em um restaurante, qualquer atendimento que não seja imediato constitui uma provocação intolerável, ou "chateação": ponham o lugar abaixo, deixem o dono quase morto, estuprem a garçonete em bando. Acelerem as Harleys e pé na tábua.

Para imaginar o público para o qual esses sentimentos são ajustados talvez você mesmo tenha que se sentar em diversos drive-ins, frequentar a escola com garotos que se especializaram em consertos mecânicos e trabalharam em postos de gasolina que depois assaltaram. Filmes de motoqueiros são feitos para todos esses jovens de uma vaga estirpe "rural", que cresceram alheios no Oeste e no Sudoeste, crianças cujas vidas inteiras são um rancor obscuro contra um mundo que acham que nunca moldaram. Cada vez mais esses jovens estão em todo lugar, e o estilo deles é o de uma geração inteira.

3.

Palms, Califórnia, é uma parte de Los Angeles pela qual muitas pessoas dirigem saindo do 20th Century-Fox a caminho do Metro-Goldwyn-Mayer, e vice-versa. É uma área amplamente ignorada por aqueles que dirigem por ali, uma pradaria invisível de bangalôs de estuque e "unidades" de dois andares, e menciono tudo isso apenas porque é em Palms que uma jovem chamada Dallas Beardsley mora. Dallas Beardsley passou seus 22 anos nesse recesso invisível da infraestrutura de Los Angeles, morando com a mãe em lugares como Palms, Inglewood e Westchester: ela frequentou a Airport Junior High School, perto do Aeroporto Internacional de Los Angeles, e a Westchester High School, onde não saía com garotos, embora tenha tentado ser líder de torcida. Ela se lembra de não ser selecionada para ser líder de torcida como "o maior desencorajamento" de sua vida. Depois disso, decidiu se tornar atriz e, em uma manhã de outubro de 1968, comprou a quinta página da *Daily Variety* para pôr um anúncio em que se lia, entre outras coisas: "Não existe ninguém como eu no mundo. Vou ser uma estrela de cinema."

Querer ser estrela de cinema parecia uma ambição anacrônica. Garotas não deveriam querer isso em 1968. Elas deveriam querer apenas aperfeiçoar o karma, dar e receber aquilo que se chamava de boas vibrações e renunciar à ambição pessoal como uma competição do ego. Deveriam saber que "querer coisas" costuma levar ao sofrimento. Neste caso, querer ser estrela de cinema levava à ala neuropsiquiátrica da UCLA. Essas eram as nossas convenções. Mas lá estava Dallas Beardsley, dizendo ao mundo o que queria por cinquenta dólares de adiantamento e um contrato de 35 dólares por mês durante oito meses com a *Variety*. *Vou ser uma estrela de cinema.*

Telefonei para Dallas. Em uma tarde quente, demos uma volta de carro pelas colinas de Hollywood e conversamos. Dallas tinha cabelos compridos e louros, usava um vestido de verão, estava preocupada com um fio puxado na meia-calça e não hesitou quando perguntei o que significava ser uma estrela de cinema.

"Significa ser conhecida no mundo inteiro. E levar um monte de presentes para a minha família no Natal, sabe, pilhas e pilhas, e colocar eles debaixo da árvore. E significa felicidade, e viver perto do mar em uma casa enorme." Ela fez uma pausa. "Ser *conhecida*. É importante para mim ser *conhecida*."

Naquela manhã, ela tinha se encontrado com um agente. Estava contente porque ele dissera que a decisão dele de não trabalhar com ela não era "nada pessoal".

"Os grandes agentes são legais", disse Dallas. "Respondem cartas, retornam suas ligações. São os pequenos que são ruins. Mas eu entendo, entendo de verdade."

Dallas acredita que todas as pessoas, até mesmo os agentes, "são boas por dentro", e que "quando elas magoam você, é porque foram magoadas. Seja como for, talvez Deus queira que você seja magoada. Assim, uma coisa maravilhosa pode acontecer depois".

Dallas frequenta a Unity Church em Culver City, cuja orientação geral é a de que tudo acontece por um bom motivo, e ela se descreve como "bastante religiosa" e "politicamente menos do lado liberal do que a maioria dos atores".

Ela é pura dedicação ao futuro. O emprego que arranjou para se manter — ela tem atuado como profissional substituta em diversas áreas e trabalhado em restaurantes — não interfere nas suas ambições. Ela não sai para festas ou encontros. "Trabalho até 18h30, aí tenho aula de dança, depois ensaio na oficina. Quando ia ter tempo? De qualquer forma, não tenho interesse." Enquanto dirigia para casa naquele dia pelas ruas secundárias sonolentas de Hollywood, tive a nítida sensação de que todo mundo que eu conhecia tinha alguma febre que ainda não havia infectado a cidade invisível. As garotas da cidade invisível ainda estavam chateadas por não ter sido escolhidas como líderes de torcida. Na cidade invisível, as garotas ainda são descobertas na Schwab's e depois encontram o amor verdadeiro na Mocambo ou no Troc, ainda sonham com grandes casas perto do mar e pilhas e pilhas de presentes debaixo da árvore de Natal, ainda rezam para ser conhecidas.

4.

Outra parte da cidade invisível.

"Falando por mim", disse a jovem, "esses sete meses desde que entrei no programa têm sido muito bons. Eu jogava exclusivamente em Gardena, mas era bem medíocre. Ia jogar à noite depois de pôr os meus filhos na cama, e é claro que nunca chegava em casa antes das cinco da manhã. Meu problema era que aí eu não conseguia dormir, ia repassar cada mão, então no outro dia ia estar, sabe, cansada. Irritável. Com as crianças".

O tom dela era o de alguém que adaptara o modo de falar de um comercial de analgésicos, mas ela não estava vendendo um produto. Fazia uma "confissão" em uma reunião dos Jogadores Anônimos: nove horas de uma noite de inverno em um clube de bairro em Gardena, Califórnia. Gardena é a capital do pôquer fechado do condado de Los Angeles (sem o aberto, sem bebidas alcoólicas, clubes fechados entre cinco e nove da manhã e o dia todo no Natal), e a proximidade dos clubes de pôquer pairava sobre essa reunião como uma substância parafísica, quase tão palpável quanto a bandeira dos Estados Unidos, os retratos de Washington e Lincoln e a mesa posta pelo comitê de comes e bebes. Lá estava, logo ali na esquina, a ação, e aqui neste cômodo superaquecido estavam, se remexendo inquietas em cadeiras dobráveis e piscando em meio à fumaça de cigarros, quarenta pessoas que ansiavam por ela.

"Nunca vim a essa reunião de Gardena antes", disse uma delas, "por uma única e simples razão: eu começo a suar frio toda vez que passo por essa região na autoestrada, mas estou aqui hoje porque toda noite que venho a uma reunião é uma noite que não faço uma aposta. Com a ajuda de Deus e de vocês, agora são 1.223 noites". Outra: "Saí para uma reunião em Canoga Park e dei meia-volta na autoestrada, isso foi na última quarta-feira, acabei em Gardena e agora estou prestes a me divorciar de novo." E uma terceira: "Não perdi nenhuma fortuna, mas perdi todo o dinheiro em que consegui pôr as mãos. Começou no Corpo de Fuzileiros Navais, conheci um monte de otários no Vietnã, estava ganhando um dinheiro fácil e esse foi, pode-se dizer, o período da minha vida que, hã, levou à minha ruína."

Essa última pessoa era um jovem que disse que tinha se saído razoavelmente bem em desenho mecânico na Van Nuys High School. Usava o cabelo em um *ducktail* pontudo de 1951. Ele tinha 22 anos, como Dallas Beardsley. Diga-me o nome do representante eleito da cidade invisível.

1968-1970

III

MULHERES

O movimento feminista

PARA FAZER UMA OMELETE, você precisa não só quebrar alguns ovos, mas também de alguém "oprimido" para quebrá-los. Presume-se que todo revolucionário entenda isso, e também toda mulher, o que torna 51 por cento da população dos Estados Unidos uma classe revolucionária em potencial (ou não). A criação dessa "classe" revolucionária foi, praticamente desde seu início, a "ideia" do movimento feminista, e a tendência desse movimento de a discussão se concentrar por tanto tempo em torno das creches é mais um exemplo daquela resistência estudada às ideias políticas que caracteriza a vida da nação.

"O novo feminismo não é apenas o reavivamento de um movimento político sério por igualdade social", argumentou a teórica feminista Shulamith Firestone de modo categórico em 1970. "É a segunda onda da revolução mais importante da história." Dificilmente alguém poderia achar essa declaração enigmática. Tampouco era a única declaração do tipo na literatura do movimento. Em 1972, no entanto, em uma edição especial sobre as mulheres, a *Time*, de forma brilhante, ainda ponderava que o movimento podia ser bem-sucedido ao viabilizar "menos fraldas e mais Dante".

A imagem era muito bonita, as senhoras ociosas sentadas no caramanchão murmurando *lasciate ogni speranza*, mas essa ideia dependia da visão popular do movimento como algum tipo de ânsia coletiva e rudimentar por "compreensão" e "autoexpressão", uma ânsia completamente desprovida de ideias e capaz de gerar apenas o interesse mais *pro forma* e benevolente. De fato existia uma ideia, e ela era marxista. E era essa ideia marxista que tornava a curiosa anomalia histórica conhecida como movimento feminista interessante. Nos Estados Unidos, o marxismo sempre foi uma paixão excêntrica e quixotesca. Uma classe oprimida após a outra parece ter esquecido o principal. Ficou óbvio que aqueles que não tinham nada apenas aspiravam a ter algo. As minorias prometiam ser mais, mas decepcionaram: elas se importavam com os problemas, porém tendiam a ver a integração da lanchonete e do assento na frente do ônibus como conquistas, não como estratégias, contra-ataques em um jogo maior. Elas resistiram àquele salto indutivo essencial da reforma imediata para o ideal social e, com certo desapontamento, falharam em identificar uma causa comum com outras minorias. Continuaram a exibir um autointeresse desconcertante ao extremo para os organizadores mergulhados na retórica da "irmandade".

E aí, no exato instante de desalento em que parecia não haver ninguém disposto a bancar o proletariado, surgiu o movimento feminista e a invenção das mulheres como uma "classe". Não se podia deixar de admirar a simplicidade radical dessa transfiguração instantânea. A noção de que, na ausência de um proletariado cooperativo, uma classe revolucionária podia simplesmente ser inventada, fabricada, "nomeada" e levada a existir. Isso parecia pragmático e visionário ao mesmo tempo, tão emersoniano que era de tirar o fôlego, confirmando com exatidão sua ideia de onde os instintos transcendentais do século XIX, atravessados por uma leitura tardia de Engels e Marx, podiam levar. Conhecer as teóricas do movimento feminista era pensar não em Mary Wollstonecraft, mas em Margaret Fuller em um pico de idealismo, extraindo apressada cartas de posicionamento do mimeógrafo e bebendo chá em copos descartáveis em vez de almoçar. Era pensar em capas de chuva fininhas nas noites amargas. Se a família era a última fortaleza do capitalismo, então que a família fosse abolida. Se a necessidade da reprodução convencional das espécies parecia injusta com as mulheres, então deveria ser transcendida, com a ajuda da tecnologia, "a própria organização da natureza", a opressão, como Shulamith Firestone via, "que retrocedia, ao longo do registro histórico, até o reino animal propriamente dito". *Eu aceito o universo*, concedera Margaret Fuller por fim. Mas Shulamith Firestone, não.

Essa paixão febril e cerebral parecia muito algo da Nova Inglaterra. O solene idealismo *a priori* disfarçado de materialismo radical ajustado de alguma maneira à autossuficiência antiquada e ao sacrifício prudente. A torrente desajeitada de palavras se tornou um princípio, uma renúncia ao estilo como algo pouco sério. A disposição retórica de quebrar os ovos se tornou, na prática, somente uma capacidade sovina de encontrar o sermão em cada gema. "Queime a literatura", disse Ti-Grace Atkinson quando foi sugerido que, mesmo quando a revolução chegasse, ainda restaria todo o conjunto "machista" da literatura ocidental. Mas é claro que nenhum livro seria queimado: as mulheres desse movimento conseguiam elaborar revisões didáticas de qualquer material aparentemente intratável que chegasse às suas mãos.

"Como mãe, você deve se tornar uma intérprete de mitos", aconselhou Letty Cottin Pogrebin na edição piloto da *Ms*. "Passagens de qualquer conto de fadas ou história infantil podem ser recuperadas durante uma sessão crítica com a criança."

Outras análises literárias concebem maneiras de recuperar diversos livros: Isabel Archer, de *Retrato de uma senhora*, não precisa mais ser uma vítima do próprio idealismo. Em vez disso, poderia ser uma vítima da sociedade machista, uma mulher que "internalizou a definição convencional de esposa". A narradora de *The Company She Keeps*, de Mary McCarthy, poderia ser vista como "escravizada porque insiste em procurar sua identidade em um homem". Da mesma forma, o romance da srta. McCarthy, *The Group*, poderia servir para ilustrar "o que acontece com mulheres que foram educadas em excelentes faculdades femininas — que aprenderam filosofia e história — e depois são obrigadas a amamentar e cozinhar comidas chiques".

A ideia de que a ficção tem certas ambiguidades irredutíveis parecia nunca ocorrer a essas mulheres — e nem deveria, pois a ficção é hostil à ideologia em vários sentidos.

Elas tinham inventado uma classe; agora só precisavam tornar essa classe consciente. Tomaram como técnica política um tipo de testemunho compartilhado, primeiro chamado de "conversa informal", depois de "conscientização" — de acordo com a feminista britânica Juliet Mitchell, seria uma reinterpretação norte-americana com viés terapêutico de uma prática revolucionária chinesa conhecida como "falar da dor". Fizeram expurgos, reagruparam-se e fizeram outros expurgos. Expuseram os erros e desvios umas das outras, o "elitismo" aqui, o "carreirismo" ali. Seria mera formalidade chamar alguns dos pensamentos delas de stalinistas: é claro que eram. Seria inútil até mesmo se perguntar se essas mulheres eram consideradas "certas" ou "erradas", inútil insistir no óbvio, no recrudescimento da imaginação moral a que tal idealismo social tantas vezes leva. Acreditar no "deus maior" é operar necessariamente em uma certa suspensão ética. Pergunte a qualquer pessoa comprometida com a análise marxista quantos anjos podem dançar na cabeça de um alfinete, e você vai ouvir que os anjos não importam. O importante é quem controla a produção dos alfinetes.

Para aqueles de nós que continuam comprometidos com a exploração das distinções morais e das ambiguidades, a análise feminista pode ter parecido de um determinismo especialmente limitado e maluco. Contudo, era sério e, para essas idealistas nervosas, se ver na sala do mimeógrafo e no programa de Dick Cavett deve ter sido, em certo sentido, mais perturbador do que era para os observadores. Elas estavam sendo ouvidas, mas não exatamente. Estavam prestando atenção, mas a atenção chafurdava no trivial. Até as mulheres mais brilhantes do movimento se viram envolvidas em discussões públicas desanimadas a respeito da injustiça do ato de lavar a louça e das humilhações intoleráveis de serem observadas por trabalhadores da construção civil na Sixth Avenue. (Essa reclamação não era incomum na discussão, que sempre parecia assumir tons inexplorados de srta. Scarlett, insinuações de flores cultivadas e frágeis ouvindo "coisinhas" e, portanto, sendo violadas por proletários insolentes.) Elas calculavam as panelas esfregadas, as toalhas recolhidas do chão do banheiro, as montanhas de roupas lavadas ao longo da vida. Cozinhar uma refeição só podia ser coisa de burro de carga, e reivindicar algum prazer nisso era uma evidência de concordância covarde com o próprio trabalho forçado. Criancinhas pequenas só podiam ser mecanismos odiosos de derramar e digerir comida, de roubar a "liberdade" das mulheres. Foi um longo caminho do túmulo de Simone de Beauvoir e do incrível reconhecimento do papel da mulher como "o Outro" à noção de que o primeiro passo para mudar esse papel era o contrato de casamento de Alix Kates Shulman ("a esposa desarruma as camas, o marido as refaz"), reproduzido na revista *Ms*. Era justamente em direção a essa banalização que o movimento feminista parecia estar caminhando.

É claro que essa ladainha de banalidades era, no princípio, crucial para o movimento, uma técnica essencial na politização de mulheres que talvez tivessem sido condicionadas a ocultar o próprio ressentimento até de si mesmas. A descoberta da sra. Shulman de que ela tinha menos tempo do que o marido parecia o tipo de acontecimento que o movimento esperava fazer soar o "clique de reconhecimento", como Jane O'Reilly o descreveu, em todas as mulheres. No entanto, essas descobertas eram completamente inúteis se alguém se recusasse a compreender o ponto principal, se falhasse em dar o salto indutivo do pessoal para o político. Dividir a semana em horas durante as quais as crianças eram orientadas a dirigir suas "questões pessoais" ao pai ou à mãe pode ou não ter aprimorado a qualidade do casamento da família Shulman, mas o aprimoramento de casamentos não era uma revolução. Pode ser útil chamar o trabalho doméstico, como Lênin o classificou, de "o mais improdutivo, bárbaro e árduo que uma mulher pode fazer", mas pode ser útil apenas como o primeiro passo de um processo político, apenas no "despertar" de uma classe para a própria posição, útil somente como metáfora: acreditar, nos Estados Unidos da segunda metade dos anos 1960 e da primeira metade dos anos 1970, que as palavras tinham sentido literal era não apenas manter o movimento no nível pessoal, mas se iludir bastante.

Cada vez mais, à medida que a literatura do movimento começou a refletir o pensamento de mulheres que não compreendiam de fato sua base ideológica, tinha-se a impressão dessa interrupção, dessa desilusão, a impressão de que a perfuração do solo das teorias só atingira uma argila psíquica, densa de superstições e uns poucos sofismas, de satisfação de desejos, de autocomiseração e de fantasias amargas. Ler essa literatura, mesmo sem método, era reconhecer de imediato uma espécie de fantasma triste, uma "mulher comum" imaginária, com quem as autoras pareciam se identificar por completo. Essa construção ubíqua era vítima de todo mundo, exceto de si mesma. Ela era perseguida até mesmo pelo ginecologista, que a fazia implorar por contraceptivos à toa. Precisava de contraceptivos sobretudo porque era estuprada diariamente pelo marido e, depois, na mesa do abortista. Durante a moda dos sapatos de bico fino, como "muitas mulheres", ela teve os dedos dos pés amputados. Ficava tão intimidada com anúncios de cosméticos que dormia "grande parte" do dia para prevenir rugas. Acordada, era escravizada por comerciais de detergente na televisão. Mandou a filha para um maternal onde as menininhas ficavam amontoadas em um "canto das bonecas" e eram impedidas de brincar com blocos de montar. Se trabalhasse, recebia "de três a dez vezes menos" que um homem (invariavelmente) sem qualificação na mesma posição, era impedida de ir aos almoços de negócios porque ficaria "constrangida" de aparecer em público com um homem que não era seu marido e, quando viajava sozinha, encarava uma escolha entre a humilhação em um restaurante ou "comer um lanche" no quarto do hotel.

Repetidas, as meias verdades acabam se confirmando. As fantasias amargas assumiam uma lógica própria. Questionar o óbvio — por que ela não procurou outro ginecologista, outro emprego, por que não saiu da cama e desligou o aparelho de televisão, por que ficava em hotéis onde só dava para conseguir lanches do serviço de quarto? — era aderir ao argumento no próprio nível fantasmagórico, um nível com uma relação tênue e infeliz diante da condição real de ser mulher. Nunca foi novidade que as mulheres são vítimas de condescendência, exploração e estereótipos de gênero, mas era novidade que outras mulheres não são: ninguém força as mulheres a comprar todo o pacote.

É claro, porém, que algo diferente de um protesto por ser "alvo de discriminação" estava em jogo aqui, algo diferente da aversão a ser "estereotipada" no papel de gênero. Cada vez mais parecia que a aversão era à própria vida sexual adulta: muito melhor ser criança para sempre. Sempre impressiona, nos relatos de relacionamentos lésbicos que aparecem vez ou outra na literatura do movimento, a ênfase na "ternura" superior da relação, na "gentileza" da conexão sexual, como se as participantes fossem pássaros feridos. A desvalorização da assertividade como "machismo" alcançou tamanha aceitação que podemos imaginar milhões de mulheres delicadas demais para lidar em qualquer nível com um homem abertamente heterossexual. Assim como, quando ouvimos falar do "terror e nojo" experimentados pelas mulheres nas cercanias de canteiros de obras, havia a ideia involuntária, ainda que inevitável, de criaturas suaves demais para a desgastante vida cotidiana, frágeis demais para as ruas, agora estávamos obtendo, na literatura tardia do movimento, a imagem das mulheres como "sensíveis" demais para as dificuldades da vida adulta, mulheres não equipadas para a realidade e que se agarravam ao movimento como justificativa para negar essa realidade. A breve punhalada de terror e perda que acompanha a menstruação simplesmente nunca ocorreu. Só pensamos assim porque um psiquiatra macho e chauvinista nos disse isso. Nenhuma mulher precisa ter pesadelos após um aborto: só disseram a ela que precisava. O poder do sexo é apenas um mito opressor que já deixou de ser temido. De acordo com o relato do caso de uma mulher após um casamento apresentado como liberal e libertador, a conexão sexual se traduz em "piadas e risadas" e em "deitar junto para tocar e cantar todas as músicas de *Vila Sésamo*". Todas as apreensões reais do que é ser mulher, as diferenças irreconciliáveis — aquela sensação de viver a vida mais profunda debaixo d'água, aquele envolvimento sombrio com sangue, nascimento e morte — agora podiam ser declaradas inválidas, desnecessárias, *ninguém nunca jamais sentiu isso*.

Só isso nos foi dito, e agora vamos ser reprogramadas, consertadas, reorganizadas mais uma vez como invioladas e imaculadas, como as garotinhas "modernas" dos anúncios de absorventes. Cada vez mais temos ouvido as vozes ávidas dessas mesmas eternas adolescentes, as vozes das mulheres assustadas não pela sua posição enquanto classe, mas pelos fracassos das expectativas de infância e interpretações equivocadas. "Ninguém nunca chegou a mencionar" para Susan Edmiston que "quando você diz 'Aceito', não está, como acreditou, jurando amor eterno. Está concordando com um sistema completo de regras, obrigações e responsabilidades que podia muito bem ser um anátema de suas crenças mais queridas". Para Ellen Peck, "com frequência, o nascimento de um filho significa a dissolução do romance, a perda da liberdade, o abandono dos ideais pela economia". Uma jovem descrita na capa da *New York* como "a dona de casa suburbana que levou a sério as promessas do movimento de libertação das mulheres e veio à cidade para vivê-las" nos conta quais promessas levou a sério: "A chance de reagir às luzes brilhantes e à civilização da Big Apple, sim. A chance de competir, sim. Mas, acima de tudo, a chance de me divertir. Diversão é o que estava faltando."

Amor eterno, romance, diversão. A Big Apple. Essas expectativas são relativamente raras nos projetos de adultos vacinados, embora não nos das crianças. É de partir o coração ler a respeito dessas mulheres na nova vida corajosa delas. Uma ex-esposa e mãe de três fala do plano de "levar a cabo meus sonhos de estudante de ensino médio. Vou para Nova York me tornar essa escritora famosa. Ou alguém que é paga para escrever. Se isso não der certo, vou arranjar um emprego em publicidade". Ela menciona uma amiga, outra jovem que "nunca teve uma vida diferente que não fosse como filha, esposa ou mãe", mas que está "descobrindo que é uma ceramista talentosa". A desenvoltura infantil — arranjar um emprego de publicidade, virar uma ceramista talentosa! — desconcerta a imaginação. O descontentamento exaltado com as vidas atuais, com os homens atuais, a negação das verdadeiras possibilidades geradoras de uma vida sexual adulta, de certa forma não podem ser colocados em palavras.

"É direito dos oprimidos se organizarem em torno da opressão *como a veem e a definem*", as teóricas do movimento insistem obstinadamente em um esforço para resolver a questão dessas mulheres, para se convencerem de que o que está acontecendo ainda é um processo político, mas a coisa já degringolou. Elas são convertidas não para que desejem uma revolução, mas um "romance". Querem que acreditem não na opressão das mulheres, mas nas próprias chances de uma vida nova nos mesmos moldes da antiga. Em certo sentido, nos dizem coisas mais tristes a respeito do que a cultura fez com elas do que as teóricas jamais disseram. Também nos dizem, acredito, que o movimento já não é uma causa, mas um sintoma.

1972

Doris Lessing

LER MUITAS DAS OBRAS de Doris Lessing em um curto espaço de tempo é sentir que o próprio cão de caça do céu tomou posse da cachola. Ela detém os outros hóspedes da mente com um desprezo fervoroso. Aparece para as refeições só para descartar como decadentes as próprias preocupações da dona da casa com a boa escrita. Há mais de vinte anos ela vem registrando, em uma torrente de ficção que cada vez mais parece concebida em uma raiva teimosa contra a própria ideia de ficção, cada abalo no sistema de falhas emocionais dela, cada derrapada na autoeducação. *Olhe aqui*, ela parece exigir, uma missionária desprovida de qualquer ironia que não a mais didática. *O Partido Comunista não é a resposta. Há uma vida para além do orgasmo vaginal. São João da Cruz não era tão pancada quanto certos anglicanos levaram você a acreditar.* Ela trata as ideias com violência e, uma vez que abocanha uma, a destroça com obstinação vitoriana.

Que ela é uma escritora de considerável talento natural, uma escritora "nata" nos moldes dreiserianos, alguém que pode fechar os olhos e "entregar" uma situação com a pura força da energia emocional, parece quase uma nódoa na consciência dela. Doris Lessing encara seu verdadeiro dom para a ficção como encara a própria biologia, como outro truque para prendê-la em uma armadilha. Ela não quer "escrever bem". Seu desdém sólido até mesmo pelos ritmos mais simples da linguagem, o ouvido tão ruim para diálogos que chega a ser arrogante — nada disso tem importância. Cada vez mais a sra. Lessing escreve exclusivamente a serviço de uma reforma cósmica imediata: quer escrever, como a escritora Anna quis escrever em *O carnê dourado*, apenas para "criar um novo jeito de ver a vida".

Veja *Briefing for a Descent into Hell*. Aqui a sra. Lessing nos dá um romance exclusivamente de "ideias", não sobre o papel delas nas vidas de certos personagens, mas um romance em que os personagens existem apenas como indicadores na apresentação de uma ideia. A situação no romance era essa: um homem bem-vestido mas desgrenhado é encontrado vagando, sem memória, no aterro perto da ponte de Waterloo em Londres. Ele é levado pela polícia para um hospital psiquiátrico onde, diante de sua total indiferença, são feitas tentativas de identificá-lo. O homem é Charles Watkins, um docente de estudos clássicos em Cambridge. Uma autoridade em seu campo, um professor ocasional de temas mais gerais. Recentemente gago. Recentemente sujeito a noites ruins durante as quais condena não apenas a dele, mas todas as disciplinas acadêmicas como "lavagem de porco". Um homem de 50 anos que perdeu um parafuso e, ao fazê-lo, personificou a convicção da sra. Lessing de que "os milhões que tinham um parafuso a menos" estavam "com um buraco de parafuso através do qual a luz podia ao menos brilhar". Porque é claro que a fala "sem sentido" de Charles Watkins no hospital tem — para o leitor, mas não para os médicos — um sentido inequívoco.

Tão pronunciada era a perspicácia de Charles Watkins a respeito da realidade interior daqueles em torno dele que, na maior parte do tempo, *Briefing for a Descent into Hell* parece um estudo de caso seletivo de um livro de R.D. Laing. A realidade que Charles Watkins descreve é familiar para qualquer um que já tenha tido febre alta, tenha ficado exausto a ponto de desabar ou, de modo geral, está apenas ligeiramente envolvido na vida cotidiana. Ele experimenta a perda do ego, a compreensão da natureza celular de toda a matéria, a "unicidade" das coisas que sempre parece estar logo ali na fronteira do pensamento consciente e controlado. Ele alucina, ou "recorda", a natureza do universo. "Lembra-se" — ou está prestes a lembrar, antes de os eletrochoques obliterarem sua memória e o devolverem à "sanidade" — de algo muito parecido com uma "cartilha" para a vida na Terra.

Os detalhes dessa cartilha foram preenchidos pela sra. Lessing, muitíssimo aliviada em abandonar a pressão de criar o personagem e reencontrar a própria voz, bem mais exortativa. Imagine uma assembleia interplanetária reunida em Vênus para discutir de novo o problema do autodestrutivo planeta Terra. (A fantasia de que a vida extraterrestre é, por definição, de uma ordem mais elevada que a nossa acalma todas as crianças e vários escritores.) O procedimento é este: certos seres superiores descem à Terra programados com a tarefa de despertar o planeta com a loucura deles. Esses emissários, uma vez aqui, não têm qualquer lembrança da vida mais esclarecida. Eles acordam devagar para a missão. Reconhecem um ao outro apenas de forma vaga, e não lembram o porquê. Devemos entender, é claro, que Charles Watkins está entre esses que fizeram a Descida, seja literal ou metafórica, e agora está, durante o tempo que é capaz de resistir à terapia, acordado. Essa é a revelação inicial do livro, e também a única.

Mesmo levando em conta a tendência da sra. Lessing de considerar todas as ideias *tabula rasa*, estamos lidando aqui com coisas não tão surpreendentes. A ideia de que há sanidade na insanidade e de que a verdade mora do outro lado da loucura comunica não apenas um volume considerável de literatura ocidental, mas também, tão comum hoje à realização delas, as experiências com alucinógenos de uma geração inteira. Muitas das opiniões da sra. Lessing sobre a definição cultural de insanidade refletem ou correm paralelas às de Laing. Mesmo assim, a ideia era tão predominante que não podemos sequer dizer que Laing a tenha popularizado: sua inovação foi apenas a de tê-la tirado do reino do conhecimento instintivo e inserido no contexto limitado da psicoterapia. Embora a sra. Lessing aparentemente tenha achado o conteúdo de *Briefing for a Descent into Hell* tão assustador que foi impelida a acrescentar um posfácio explicativo, uma parábola de duas páginas sobre a ignorância de certos psiquiatras em grandes hospitais universitários de Londres, ela já havia lidado antes com o mesmo material. Em *O carnê dourado*, Anna faz essa anotação para uma história: "Um homem cujo 'senso de realidade' se foi; e, por causa disso, tem um senso de realidade mais profundo do que as 'pessoas normais'." Quando a sra. Lessing concluiu *The Four-Gated City*, ela havia refinado essa proposta: o senso aprofundado da realidade de Linda Coldridge não é o resultado, mas a definição de sua loucura. Essa noção é desenvolvida de forma tão laboriosa nas últimas trezentas páginas de *The Four-Gated City* que se poderia pensar que a sra. Lessing tinha mais ou menos exaurido tais possibilidades literárias.

Contudo, ela estava cada vez menos interessada em possibilidades literárias, que é onde encontramos a rachadura. "Se eu visse isso em temos de um problema artístico, então seria fácil", diz Anna para a amiga Molly, em *O carnê dourado*, como explicação para a recusa dela de escrever outro livro. "A gente podia ter conversas inteligentes assim sobre o romance moderno sempre." Isso pode parecer um pouco fácil demais, até mesmo para o leitor que está disposto a ignorar a afirmação anterior de Anna de que ela não consegue escrever porque um "camponês chinês" está olhando por cima de seu ombro ("Ou um dos guerrilheiros de Castro. Ou um argelino lutando na FLN"). *Madame Bovary* nos disse mais a respeito da vida burguesa do que várias gerações de marxistas, mas não parece haver grandes dúvidas de que Flaubert via isso como um problema artístico.

De modo que a sra. Lessing não sugere seu dilema particular. O que estamos testemunhando aqui é uma escritora passando por um trauma cultural profundo e persistente, uma mulher de tendência resolutamente utópica e claramente teleológica atacada a todo momento por evidências renovadas de que o mundo não está melhorando conforme o prometido. E, como essa é a qualidade especial da mente dela, ela é compelida, diante de tal evidência, a procurar de forma ainda mais frenética a causa final, a resposta inequívoca.

No início, a procura dela era menos exaltada. Ela saiu da Rodésia do Sul marcada de forma indelével pelo tipo de mundo agrário rígido que transforma com facilidade contadores de histórias em crianças exiladas. O que a África britânica lhe deu, além daquelas imagens de um céu tão vazio e de uma sociedade tão inflexível que o registro do menor abalo em qualquer um dos dois passa a ter importância, foi um modo de encarar o restante da vida: durante muito tempo, ela podia interpretar tudo que via em termos de "injustiça", não apenas a injustiça do homem branco contra o negro, do colonizador contra o colonizado, mas as injustiças mais gerais de classe e, particularmente, de gênero. Ela cresceu sabendo não apenas o que as fronteiras rígidas fazem com as mulheres, mas o que as mulheres fazem aos homens que as mantêm ali. Ela conseguia ouvir em todas as lembranças aquela "voz da mulher sofredora" passando de mães para filhas em uma cadeia quebrada apenas a grande custo.

Dessas lembranças ela escreveu um primeiro romance, *A canção da relva*, totalmente tradicional nas convenções. A realidade estava *ali*, esperando para ser observada por uma terceira pessoa onisciente. *A canção da relva* era bem organizado em sua estrutura, relativamente escrupuloso ao manter o tom, baseado em um mundo de constantes. Seus personagens se moviam de um lado para outro daquele mundo, inconscientes do conhecimento compartilhado pela autora e pelo leitor. O romance era, em resumo, tudo o que a sra. Lessing rejeitaria como "falso" e "evasivo" na época em que escreveu *O carnê dourado*.

"Por que não escrever simplesmente o que aconteceu entre Molly e o filho dela hoje?", questiona-se Anna. "Por que nunca escrevo apenas o que acontece? Por que não mantenho um diário? É óbvio que minha transformação de tudo em ficção é um jeito de ocultar alguma coisa de mim mesma [...] Eu devia manter um diário."

Seria difícil imaginar uma personagem mais irremediavelmente autoconsciente, ou uma substituta mais insistente da autora do que Anna Gould em *O carnê dourado*. Toda a intenção do romance é despedaçar a distância convencional da ficção, negar toda a distinção entre sapo e jardim, "escrever simplesmente o que acontece". Chame a escritora de Anna Gould ou de Doris Lessing, *O carnê dourado* é o diário de uma escritora em choque. Lá está ela na Londres de 1950. Jovem determinada a forjar uma vida como uma "mulher livre", como uma "intelectual", saiu de uma sociedade simples para o que Robert Penn Warren certa vez chamou de convulsão do mundo, e está encontrando algumas ambiguidades nas respostas tão claras para ela na África. De suas expectativas emana uma bravura radiante e datada. Suas desilusões são familiares demais. A pura força de vontade, a ambição pétrea de *O carnê dourado* se sobrepõe a tudo o mais a respeito dele. Grandes nacos crus de experiência indigesta, transcrições não editadas do que aconteceu entre Molly e o filho dela hoje, lembranças opressivas e a rejeição dessas memórias como sentimentais, a fragmentação de uma sensibilidade que começa pela primeira vez a duvidar de suas percepções: tudo isso sai da mente da narradora e entra na do leitor, com deliberado desprezo pela natureza das palavras entre uma e outra. A narradora cria "personagens" e "cenas" apenas para negar sua validade. Ela se repreende por se agarrar à "certeza" de suas memórias diante da incerteza geral. A sra. Lessing paira do início ao fim de *O carnê dourado* como uma mulher impulsionada por dúvidas não só a respeito do que narrar, mas a respeito da própria validade de narrar.

Mesmo assim, ela continuou a escrever, e a escrever ficção. Apenas no final da série de cinco volumes *Children of Violence* sentiu um enfraquecimento daquela compulsão de recordar, e uma metástase daquele frenesi cognitivo por respostas. Àquela altura, ela já tinha visto um sem-número de coisas acontecerem, havia agarrado e perdido um sem-número de respostas. Políticas organizadas caíram fora logo. O determinismo freudiano parecia incompatível. A África da memória dela era outro lugar. A voz que reconheceu de forma mais profunda, aquela das mulheres tentando definir suas relações umas com as outras e com os homens, primeiro ficou estridente e, em seguida, apropriada por e reduzida a um "movimento", ficou sob a pluralidade de sua atenção. Ela tinha sido traída por aquelas e por outras respostas. Ainda assim, cada vez mais possuída, seu único caminho foi procurar outra resposta. O fato de estar quase sozinha nessa possessão é o que confere à busca um grande interesse: o ímpeto por soluções finais foi não somente o dilema da sra. Lessing, mas a ilusão que guia sua época. Não é um impulso que eu tenha em alta conta, mas há, afinal, algo muito comovente em sua tenacidade.

1971

Georgia O'Keeffe

"Aqui eu nasci. Onde e como vivi não é importante", Georgia O'Keeffe nos conta no livro de pinturas e textos publicado em seu nonagésimo ano na Terra. Ela parece estar nos aconselhando a esquecer o lindo rosto nas fotografias de Stieglitz. Aparenta estar descartando o idílio um tanto condescendente que foi associado a ela então, o idílio de uma beleza tremenda, idade avançada e isolamento deliberado.

"É o que fiz no lugar em estive que deve interessar." Lembro-me de uma tarde de agosto em Chicago, em 1973, quando levei minha filha Quintana, então com 7 anos, para ver o trabalho de Georgia O'Keeffe. Uma das telas enormes de *Sky Above Clouds* de O'Keeffe flutuava nas escadarias traseiras no Instituto de Arte de Chicago naquele dia, dominando o que pareciam ser vários andares de luz vaga. Minha filha olhou para a tela uma vez, correu para o patamar e continuou olhando.

"Quem fez isso?", sussurrou ela depois de um tempo. Eu respondi. "Preciso falar com ela", disse Quintana por fim.

Minha filha estava fazendo, naquele dia em Chicago, uma suposição inconsciente, mas bastante comum, a respeito de pessoas e do trabalho delas. Estava supondo que a glória que viu na obra refletia a glória de sua criadora, que a pintura era a pintora assim como o poema é o poeta, que cada escolha que alguém fazia a sós — cada palavra selecionada ou rejeitada, cada pincelada lançada ou não — traía o caráter desse alguém. *Estilo é caráter*. Tive a impressão, naquela tarde, de ter visto poucas vezes uma aplicação tão instintiva desse princípio familiar, e me lembro de ficar contente não apenas porque minha filha reagia ao estilo como caráter, mas porque era ao estilo particular de Georgia O'Keeffe a que ela reagia: essa era uma mulher dura na queda que tinha imposto seus 192 metros quadrados de nuvens a Chicago.

A "dureza" não tem sido, em nosso século, uma qualidade muito admirada nas mulheres, nem tem sido, nos últimos vinte anos, especialmente favorável até mesmo para os homens. Quando a dureza emerge nos mais velhos temos a tendência de transformá-la em "rabugice" ou excentricidade, uma tônica apimentada a ser tolerada a distância. Como provam seu trabalho e aquilo que ela disse a respeito dele, Georgia O'Keeffe não é "rabugenta" ou excêntrica. Ela é simplesmente dura, sem rodeios, uma mulher livre de senso comum e aberta àquilo que vê. Essa é uma mulher que podia descartar a maior parte de seus contemporâneos como "sonhadores" e, mais tarde, apontaria um de que gostava como "um pintor muito ruim". (E então acrescentaria, aparentemente como forma de atenuar o julgamento: "Acho que ele nem foi pintor. Não tinha coragem, e acredito que para criar o próprio mundo em qualquer uma das artes é preciso coragem.") Essa é uma mulher que, em 1939, podia informar aos próprios admiradores que eles não estavam entendendo nada, que o apreço deles por suas famosas flores era apenas sentimental. "Quando pinto uma colina vermelha", observou ela com frieza no catálogo de uma exposição naquele ano, "vocês dizem que é uma pena que eu não pinte sempre flores. Uma flor toca o coração de quase todos. Uma colina vermelha não toca o coração de todos". Essa é uma mulher que podia descrever a gênese de uma de suas pinturas mais famosas — *Cow's Skull: Red, White and Blue*, que pertence ao Metropolitan — como um ato de teimosia deliberado e irônico: "Pensei nos homens da cidade que tinha visto no Leste. Eles falam com tanta frequência em escrever o Grande Romance Americano, a Grande Peça de Teatro Americana, a Grande Poesia Americana... Então estava pintando minha cabeça de vaca em azul e pensei: 'Vou fazer dela uma pintura americana. Eles não vão achar ótima, com as listras vermelhas nas laterais — vermelho, branco e azul —, mas vão notá-la."

Os homens da cidade. Os homens. Eles. As palavras surgem de novo e de novo à medida que essa mulher surpreendentemente agressiva nos conta o que lhe passava pela cabeça quando criava suas pinturas surpreendentemente agressivas. Foram esses homens da cidade os acusados de sentimentalizar as flores dela: "Faço você gastar tempo para olhar o que vi. Quando gasta tempo para reparar de verdade na minha flor, você coloca todas as suas associações com flores na minha flor e escreve a respeito da minha flor como se eu pensasse e visse o que você pensa e vê — e não é o caso." *E não é o caso.* Imagine essas palavras pronunciadas. O som que você ouve é *não mexa comigo.* "Os homens" acreditavam que é impossível pintar Nova York, então Georgia O'Keeffe pintou Nova York. "Os homens" não tinham uma boa opinião das cores brilhantes dela, então ela as tornou ainda mais brilhantes. Os homens ansiavam pela Europa, então ela foi para o Texas e o Novo México. Os homens falavam de Cézanne, "observações demoradas e detalhadas a respeito da 'qualidade plástica' da sua forma e da sua cor", e levavam as observações demoradas e detalhadas uns dos outros, do ponto de vista desta cascavel angelical no meio deles, total e completamente a sério. "Consigo fazer uma dessas pinturas de cores lúgubres como os homens", a mulher que sempre se considerou uma *outsider* se recorda de pensar em um dia de 1922, e fez: uma pintura de uma cabana "toda tons apagados e sombria com as árvores ao lado da porta". Ela chamou esse ato de rancor de *The Shanty*, e o pendurou na exibição seguinte. "Os homens pareceram aprovar", relatou ela 54 anos depois, seu desprezo intacto. "Eles pensavam que talvez eu estivesse começando a pintar. Essa foi minha única pintura de tons apagados e cores lúgubres."

Algumas mulheres brigam e outras não. Como tantas guerrilheiras bem-sucedidas na guerra entre os sexos, Georgia O'Keeffe parece ter sido equipada cedo com uma noção inalterável de quem era e com uma compreensão bastante clara de que ia ser requisitada a provar aquilo. À primeira vista, sua educação foi convencional. Ela foi uma criança dos campos de Wisconsin que brincava com bonecas de porcelana e pintava aquarelas com céus cheios de nuvens porque a luz do sol era difícil demais de pintar. Com seu irmão e suas irmãs, escutou todas as noites a mãe ler histórias do Velho Oeste, do Texas, de Kit Carson e de Billy the Kid. Ela dizia aos adultos que queria ser artista e ficou envergonhada quando perguntavam que tipo de artista queria ser. Ela não tinha ideia de "que tipo". Não tinha ideia do que artistas faziam. Ela nunca vira um quadro que a interessasse, além de um desenho à tinta da Donzela de Atenas em um dos livros da mãe, de algumas ilustrações da Mamãe Ganso impressas em tecido, de uma capa de um bloco de notas que mostrava uma menininha com rosas e de uma pintura de árabes montando cavalos pendurada na sala de estar da avó. Aos 13 anos, em um convento dominicano, ficou mortificada quando a irmã corrigiu o desenho dela. No Instituto Episcopal Chatham, na Virgínia, Georgia pintava lilases e tirava um tempo a sós para caminhar e ver a linha das montanhas Blue Ridge no horizonte. No Instituto de Arte de Chicago, ela ficou chocada com a presença de modelos vivos e queria abandonar as aulas de anatomia. Na Liga dos Estudantes de Arte, em Nova York, um dos colegas lhe avisou que, já que ele seria um grande pintor e ela acabaria ensinando pintura em uma escola para moças, qualquer trabalho dela era menos importante do que posar para ele. Outro pintou por cima do trabalho dela para mostrar como os impressionistas faziam as árvores. Georgia ainda não tinha ouvido falar sobre como os impressionistas faziam as árvores e não se importou muito.

Aos 24 anos, deixou todas essas opiniões para trás e foi viver pela primeira vez no Texas, onde não havia árvores para pintar e ninguém para lhe dizer como não pintá-las. No Texas só havia o horizonte pelo qual ansiava. No Texas a irmã Claudia ficou com ela por algum tempo, e nos finais de tarde elas caminhavam para longe da cidade na direção do horizonte, a fim de ver a estrela da tarde surgir.

"Aquela estrela da tarde me fascinava", escreveu. "Em certo sentido, era muito emocionante para mim. Minha irmã tinha uma arma e, enquanto andávamos, ela jogava garrafas no ar e atirava em tantas quantas conseguisse antes que atingissem o chão. Eu não tinha nada exceto as caminhadas no campo aberto e o amplo espaço do pôr do sol com a estrela. Dez aquarelas foram pintadas a partir daquela estrela." Em certo sentido, o interesse de alguém é instigado tanto pela irmã Claudia com a arma quanto pela pintora Georgia com a estrela, mas apenas a pintora nos deixou esse registro reluzente. Dez aquarelas foram pintadas a partir daquela estrela.

1976

IV

TEMPORADAS

Nas ilhas

1969. **É MELHOR** eu explicar onde estou e por quê. Estou sentada em um quarto de pé-direito alto no hotel Royal Hawaiian, em Honolulu, vendo as longas cortinas translúcidas ondularem com os ventos alísios e tentando recompor minha vida. Meu marido está aqui, e também nossa filha de 3 anos. Ela tem cabelos loiros e seus pés estão descalços, uma criança perfeita com um colar de jasmim--manga que não entende por que não pode ir à praia. Ela não pode ir à praia porque houve um terremoto nas Aleutas, 7.5 na escala Richter, e um maremoto é esperado. Em dois ou três minutos a onda, se houver uma, vai atingir a ilha Midway, e estamos esperando notícias de lá. Meu marido observa a televisão. Eu olho para as cortinas e imagino a água se avolumando.

Quando chega, o comunicado é anticlimático: Midway não relata nenhum movimento incomum das ondas. Meu marido desliga a televisão e olha pela janela. Evito os olhos dele e escovo o cabelo da nossa bebê. Na ausência de um desastre natural, ficamos mais uma vez entregues aos nossos expedientes delicados. Estamos aqui nesta ilha no meio do Pacífico em vez de entrar com o pedido de divórcio.

Conto isso não como uma revelação despropositada, mas porque quero que saiba, enquanto me lê, precisamente quem sou, onde estou e o que está se passando na minha cabeça. Quero que entenda que está lendo uma mulher que, já faz algum tempo, se sente radicalmente apartada da maioria das ideias que parece interessar a outras pessoas. Está lendo uma mulher que, em algum ponto do percurso, extraviou a pouca fé que veio a ter no contrato social, no princípio melhorativo, no imenso padrão do esforço humano. Com muita frequência ao longo das últimas semanas, eu me senti uma sonâmbula, movimentando-me pelo mundo alheia às grandes questões do momento, inconsciente dos fatos, atenta apenas aos produtos dos pesadelos, às crianças ardendo no carro trancado no estacionamento do supermercado, aos jovens motoqueiros desmontando os carros roubados no rancho de um deficiente físico em cativeiro, ao atirador furtivo que se sente "muito mal" por matar a família de cinco, os rostos vigaristas, insanos, astutos dos trabalhadores rurais migrantes de Oklahoma que apareceram nas investigações militares, os perscrutadores taciturnos nas portas, as crianças perdidas, todos os exércitos ignorantes se acotovelando na noite. Conhecidos leem o *The New York Times* e tentam me contar as novidades do mundo. Escuto programas de ouvintes que ligam para a rádio.

Você vai notar que uma visão de mundo como essa impõe obstáculos. Tenho dificuldade de fazer certas conexões. Tenho dificuldade de preservar a noção básica de que cumprir promessas é importante em um mundo onde tudo que aprendi parece sem sentido. O próprio sentido parece cada vez mais obscuro. Cheguei à vida adulta munida de uma ética romântica em essência, carregando sempre comigo os exemplos de Axel Heyst em *Vitória*, Milly Theale em *As asas da pomba*, Charlotte Rittenmayer em *Palmeiras selvagens* e algumas dezenas de outros, acreditando, assim como eles acreditavam, que a salvação reside em compromissos radicais fadados ao fracasso, promessas feitas e mantidas fora do alcance da experiência social normal. Ainda acredito nisso, mas tenho dificuldade de reconciliar a salvação com aqueles exércitos ignorantes acampados na minha cabeça. Poderia me permitir aqui uma generalização um tanto preguiçosa, poderia dissipar meu estado de profundo choque emocional no colapso cultural mais amplo, poderia falar rapidamente das convulsões na sociedade e de alienação e de anomia e talvez até de assassinato, mas isso ia ser só mais um jogo de adivinhação sofisticado. Não sou a sociedade em um microcosmo. Sou uma mulher de 34 anos com cabelo longo e liso, um biquíni velho e mal da cabeça em uma ilha no meio do Pacífico esperando por um maremoto que não vai vir.

Passamos, meu marido, a bebê e eu, uma semana restauradora no paraíso. Cada um é o modelo de consideração, de trato, de contenção bem na beira do precipício do outro. Ele evita reparar quando estou olhando para o nada. Em troca, evito falar sem parar de uma notícia do jornal a respeito de um casal que aparentemente jogou o filho e depois se atirou em uma cratera em ebulição em um vulcão em Maui. Também evitamos mencionar quaisquer chutes nas portas, psicóticos internados, quaisquer ansiedades crônicas ou malas feitas. Nós nos deitamos no sol, dirigimos pelos juncos até Waimea Bay. Tomamos café da manhã no terraço, e mulheres grisalhas sorriem com benevolência para nós. Sorrio de volta. Todas as famílias felizes se parecem no terraço do hotel Royal Hawaiian, em Honolulu. Meu marido volta da Kalakua Avenue certa manhã e diz que viu uma drag queen de quase dois metros de altura que conhecemos em Los Angeles. Nossa conhecida estava comprando um biquíni arrastão, meu marido relata, e não parou para conversar. Nós dois rimos. Lembro que rimos das mesmas coisas, e leio para ele essa reclamação de um exemplar muito antigo da revista *Honolulu* que peguei no escritório de alguém: "Recentemente, quando o presidente Johnson veio a Honolulu, as manchetes dos jornais matinais traziam coisas como 'PIQUETES PARA SAUDAR O PRESIDENTE'. Não teria sido igualmente digno de nota dizer 'ALOHA CALOROSO PARA SAUDAR O PRESIDENTE'?" No final da semana, digo ao meu marido que vou me esforçar mais para fazer as coisas valerem a pena. Meu marido responde que já ouviu isso antes, mas o ar está morno, a bebê tem outro colar de jasmim-manga e não há rancor na voz dele. "Talvez as coisas possam dar certo", digo. "Talvez", concorda ele.

1970: Toda manhã bem cedo em Honolulu, naquela faixa da praia de Waikiki que dá de frente para o Royal Hawaiian, um empregado do hotel gasta quinze ou vinte minutos limpando a areia dentro de um anexo delimitado por cordas, reservado para hóspedes registrados. Como essa praia "privada" difere da praia "pública" somente pela areia limpa, pela corda e pela distância da água, de início é difícil entender por que alguém se sentaria ali, mas as pessoas se sentam. Elas se sentam ali o dia inteiro e em grande número, de frente para o mar em fileiras uniformes.

Fui uma visitante ocasional de Honolulu durante vários anos antes de me dar conta de que a praia cercada era central para a essência do hotel Royal Hawaiian, que o objetivo de se sentar ali não era em absoluto a exclusividade, como se supõe em Waikiki, mas a *inclusividade*. Qualquer um atrás da corda deve ser, supõe-se por definição tácita, "da nossa espécie". Qualquer um atrás da corda vai tomar conta dos nossos filhos assim como vamos tomar conta dos deles, não vai esconder as chaves do quarto, fumar maconha ou ouvir Creedence Clearwater em um transístor quando estamos esperando notícias da taxa básica de juros do continente. Qualquer um atrás da corda, se arriscarmos uma conversa, vai "conhecer pessoas que conhecemos": a praia cercada do Royal é um enclave de aparentes desconhecidos sempre prestes a descobrir que as sobrinhas estiveram em Lagunita em Stanford no mesmo ano, ou que as melhores amigas almoçaram juntas durante o último Crosby. O fato de que qualquer um atrás da corda entenderia que a palavra "Crosby" significa um torneio de golfe em Pebble Beach sugere a que ponto o Royal Hawaiian não é apenas um hotel, mas uma ideia social, um dos poucos vestígios remanescentes de certo tipo de vida norte-americana.

É claro que grandes hotéis sempre foram ideias sociais, espelhos imaculados das sociedades específicas a que servem.

Se nunca tivesse havido um Empire, nunca teria havido um Raffles. Para entender o que o Royal é agora você precisa entender primeiro o que ele foi, de 1927 até o fim da década de 1930, o "palácio cor-de-rosa" remoto e levemente exótico do Pacífico, o resort construído por Matson Line para rivalizar e superar hotéis como o Coronado, o Broadmoor, o Del Monte. Quase sozinho em Waikiki, o Royal fez de Honolulu um lugar para ir, fez de todas as coisas "havaianas" — colares, ukuleles, luaus, chapéus de folhas de coqueiro e a canção "I Wanna Learn to Speak Hawaiian" — uma mania da década em bailes de country clubs em toda parte dos Estados Unidos. Ao longo dos catorze anos entre a inauguração do Royal e Pearl Harbor, as pessoas chegavam nos navios *Malolo* e *Lurline* da Matson Line, e traziam com elas não só baús, mas filhos, netos, criados, babás, Rolls-royces prateados e conversíveis Packard azul-marinho. Eles se "invernavam" no Royal, ou o veraneavam ali, ou "passavam vários meses". Iam ao Royal para descansar "depois de caçar na África do Sul". Voltavam para casa "passando por Banff ou pelo lago Louise". Em Honolulu havia polo, golfe, bocha no gramado. Toda tarde, o Royal servia chá em mesas de vime. As camareiras trançavam colares para cada hóspede. Os chefs construíram, como decoração de mesa, o Capitólio dos Estados Unidos de açúcar havaiano.

Os álbuns do Royal daqueles anos sobrevivem como um índice das fortunas industriais dos Estados Unidos, pequenas ou grandes. Mellons, Du Ponts, Gettys e o homem que tinha acabado de patentear a maior incubadora do mundo (capacidade para 47 mil ovos) não parecem diferir em absoluto um do outro, fotografados no Royal em 1928. Dorothy Spreckels dedilha um ukulele na varanda. Walter P. Chrysler Júnior chega com a mãe e o pai para uma temporada. Uma figura na praia é descrita como "uma mulher da sociedade de Colorado Springs", um jovem casal como "recém-casados estabelecidos em Akron". No Royal, eles conheciam não só um ao outro, mas um mundo mais amplo também: donos de estações da Austrália, plantadores de chá do Ceilão, empresários de açúcar de Cuba.

Nas fotografias desbotadas se vê basicamente mães e filhas. Os homens, quando estão presentes, exibem, em geral, um constrangimento comovente, uma consciência de que têm papéis mais difíceis, digamos como prefeito de Seattle ou presidente da Overland Motor Company, uma resistência ao mundo das férias de verão ou de inverno. Em 1931, o filho do presidente Hoover passou um tempo no Royal, ficou bastante entretido, pegou 38 peixes na costa de Kona e teve uma foto tirada apertando a mão de Duke Kahanamoku na praia. Essa foto apareceu na *Town & Country*, que também relatou em 1931 que "os meninos que mergulham no porto de Honolulu dizem que a pesca tem sido boa e que não há indicação de tempos difíceis graças às gorjetas dos grupos que chegam de navio".

Nem as reviravoltas dos anos 1960 produziram grandes mudanças no Royal. O lugar ainda reflete o que era nos anos 1930, em mutações menos extravagantes: um tipo de vida sempre nas ruas onde crescem as árvores mais antigas. É uma vida tão segura nas suas preocupações tradicionais que os cataclismas da sociedade mais ampla só a perturbam como uma tempestade na superfície perturba o fundo do mar, muito tempo depois e de forma oblíqua. É uma existência vivida por milhões de pessoas neste país e em grande parte esquecida pela maioria de nós. Às vezes, acho que me lembro dela apenas no Royal Hawaiian. Ali, em finais de tarde quentes, mulheres em chifons azul-turquesa e amarelo-ouro parecem, enquanto esperam por carros debaixo do pórtico rosado, as herdeiras naturais de um estilo mais tarde aproveitado por Patricia Nixon e as filhas dela. Pelas manhãs, quando a praia está limpa e há o ar úmido e doce da chuva da madrugada, vejo as mesmas mulheres, agora em sedas estampadas e cardigãs de caxemira, comendo mamão no terraço assim como fizeram a cada poucas estações desde que eram garotinhas no final dos anos 1920 e vinham ao Royal com as mães e irmãs. Os maridos delas leem os jornais de São Francisco e Los Angeles com o desinteresse típico dos homens que acreditam ter as vidas seguras em títulos municipais. Esses jornais chegam ao Royal com um ou, às vezes, dois dias de atraso, o que dá aos eventos do dia uma distância peculiar e inquietante. Lembro-me de entreouvir uma conversa na banca de jornais do Royal na manhã depois das primárias da Califórnia em junho de 1968, a manhã em que Robert Kennedy agonizava no hospital Good Samaritan em Los Angeles. "Como foram as primárias?", perguntou um homem comprando cigarros para a esposa. Ela estudou as manchetes do dia anterior. "Comparecimento antecipado em peso", respondeu. Mais tarde, naquela manhã, entreouvi a mesma mulher discutindo o assassinato: o marido ouvira as notícias quando passou por um escritório de corretagem para saber os fechamentos do dia em Nova York.

Você se senta na beira da piscina do Royal e lê a *The New York Review of Books* se sentindo uma víbora disfarçada em uma túnica de praia. Ponho a *The New York Review of Books* de lado e converso com uma bela jovem que havia passado uma lua de mel no Royal, porque luas de mel no Royal são costume na família dela, com cada um dos três maridos. Minha filha faz amizade na piscina com outra menina de 4 anos, Jill, de Fairbanks, Alasca. A mãe e a tia de Jill dão por certo que as duas crianças vão se encontrar de novo, ano após ano, nos ritmos imutáveis e prazerosos que a vida costumava ter, e que no Royal Hawaiian ainda parece ter. Eu me sento com minha túnica de praia e observo as crianças e torço, contra todas as evidências, para que possa ser assim.

1970: Olhar para Honolulu da alta floresta tropical que separa Oahu a barlavento da cidade a sota-vento é ver, no centro de um vulcão extinto chamado Puowaina, um lugar tão quieto e privado que, uma vez visto, não sai mais da sua cabeça. Há figueiras-de-bengala na cratera, árvores da chuva e 19.500 túmulos. Ipês amarelos brilham nas colinas acima. Encostas inteiras parecem toldadas por jacarandás lilases. Esse é o lugar comumente chamado de Punchbowl, o Cemitério Memorial Nacional do Pacífico, e 13 mil dos mortos nessa cratera foram assassinados durante a Segunda Guerra Mundial. Alguns dos outros morreram na Coreia. Por quase uma década agora, nas partes externas bem na borda da cratera, eles têm cavado covas para os norte-americanos mortos no Vietnã, não muitos, uma fração do total, um, dois, três por semana, quase todos garotos da ilha, mas alguns deles trazidos para cá por famílias que vivem a milhares de quilômetros do Pacífico, um gesto tocante por sua própria dificuldade. Uma vez que os mortos no Vietnã são enviados primeiro para a Base da Força Aérea de Travis, na Califórnia, e então para o parente mais próximo, aquelas famílias do continente enterrando os filhos ou os maridos em Honolulu têm que levar os corpos de volta para o Pacífico uma última vez. O superintendente de Punchbowl, Martin T. Corley, se refere a esses sepultamentos como seus "enviados do Vietnã".

"Um pai ou um tio me liga do continente e diz que está trazendo um garoto para cá. Eu nem pergunto a razão", disse o sr. Corley quando conversei com ele há pouco tempo. Estávamos sentados no escritório dele na cratera, e na parede ficavam penduradas a Estrela de Bronze e a Estrela de Prata, honrarias que ele recebera na Europa em 1944. Esse era Martin T. Corley, um homem usando uma camisa havaiana que havia ido de South Ozone Park no Queens para a Batalha das Ardenas, depois para um curso de gestão de cemitérios em Fort Sam Houston e, por fim, vinte e poucos anos depois, para um escritório em um vulcão extinto no Pacífico do qual podia observar os vivos e os mortos em mais uma guerra.

Observei-o folheando uma pilha do que chamava de "transmissões", formulários de mortes no Vietnã. Ali, no escritório de Martin T. Corley, o Vietnã parecia muito menos quimérico do que parecia no continente durante alguns meses, menos a guerra do ano passado, menos habilmente relegado àquele limbo de esquecimento benigno em que qualquer menção a vítimas rotineiras tendia a parecer um pouco contraproducente, um pouco *démodé*. Ali, na cratera, não parecia tão fácil acreditar que os números semanais de mortos em combate abaixo de cem podiam, por algum truque de prestidigitação, chegar a zero, uma guerra inexistente. Ali, à vista das escavadoras automáticas que abriam as covas, o que os números mostravam eram, nas primeiras doze semanas de 1970, outros 1.078 mortos. Martin T. Corley recebia uma transmissão para cada um. Ele guardava esses formulários de transmissão por quinze ou vinte dias antes de jogá-los fora, para o caso de a família querer trazer o morto para Punchbowl. "Sabe, tivemos uma família que trouxe um garoto do Oregon alguns dias atrás", explicou. "Temos um da Califórnia chegando agora. Compreendemos que eles têm suas razões. A gente escolhe o lugar, abre a cova. A gente não vê as famílias desses enviados até o carro fúnebre chegar ao portão."

Alguns dias depois, em uma tarde quente e com ventania, fiquei parada com o sr. Corley na grama macia da seção K da cratera e esperei uma dessas famílias atravessar o portão. Eles tinham voado do continente com o corpo na noite anterior. Estavam em seis — pai, mãe, uma irmã, o marido dela e outros dois parentes. Iam enterrar o corpo na tarde ensolarada e voar de volta algumas horas depois. Esperamos e observamos. Na estrada lá embaixo, os seis carregadores de caixão da Força Aérea ficaram alertas. O corneteiro saltou de debaixo de uma figueira-de-bengala e assumiu a posição atrás da guarda de honra. Podíamos ver então o carro fúnebre, serpenteando ao longo da estrada circular até a seção K, o carro fúnebre e outros dois veículos, os faróis débeis no sol tropical.

"Dois de nós do escritório damos uma passada em todos os enterros", explicou o sr. Corley de repente. "Para o caso de a família desmoronar ou algo assim."

Tudo que posso dizer dos dez minutos seguintes é que pareceram um tempo bastante longo. Vimos o caixão ser carregado até a sepultura e vimos os carregadores erguerem a bandeira, tentando segurá-la esticada no vento quente, que soprava com força, derrubando os vasos de gladíolos em torno da sepultura, obliterando algumas das palavras do capelão.

"Se Deus é por nós, quem será contra nós?", disse o capelão, um jovem major ruivo e bronzeado, e então não ouvi mais nada por algum tempo. Fiquei parada atrás das seis cadeiras de lona em que a família estava sentada, ali com o sr. Corley e um oficial de auxílio aos sobreviventes da Força Aérea. Eu olhava para algumas sepulturas dispersas, tão recentes que ainda não tinham lápides, apenas marcadores de plástico enfiados no solo.

"Gentilmente entregamos esse corpo à terra", disse o capelão, por fim. Os homens da guarda de honra ergueram os rifles. Três tiros espocaram. O corneteiro tocou a marcha fúnebre. Os carregadores de caixão dobraram a bandeira até que somente a área azul e algumas estrelas ficaram visíveis, e um deles deu um passo à frente para ofertar a bandeira para o pai. Pela primeira vez, o pai desviou o olhar do caixão, desviou o olhar dos carregadores e o dirigiu para a vastidão de sepulturas. Um homem pequeno de rosto trêmulo e olhos úmidos, ele ficou de frente para o sr. Corley e para mim. Por um momento, nós nos olhamos, mas ele não estava nos vendo de verdade. Não estava vendo o sr. Corley nem ninguém.

Ainda não eram quinze horas. O pai, transferindo a bandeira de uma das mãos para a outra, como se ela estivesse quente demais, disse algumas palavras hesitantes para os carregadores. Então me afastei da sepultura, andando na direção do carro, e esperei o sr. Corley falar com o pai. Ele queria dizer ao pai que, se a família quisesse voltar antes do avião partir, a sepultura seria coberta por volta das dezesseis horas.

"Às vezes, eles se sentem melhor ao ver a sepultura", comentou o sr. Corley quando me alcançou. "Às vezes, eles entram no avião preocupados, sabe, porque ela não foi coberta." A voz dele sumiu. "Cobriremos em trinta minutos. 'Encha, cubra, coloque a lápide.' É algo que me lembro do meu treinamento." Ficamos um momento ali parados no vento quente, depois nos despedimos. Os carregadores subiram no ônibus da Força Aérea. O corneteiro passou assoviando "Raindrops Keep Fallin' on My Head". Logo depois das dezesseis horas, o pai e a mãe voltaram e olharam por um longo tempo para a sepultura coberta, então tomaram um voo noturno de volta para o continente. O filho deles era um dos 101 norte-americanos mortos naquela semana no Vietnã.

1975: O voo das 8h45 da Pan American para Honolulu estava meia hora atrasado quando decolou de Los Angeles. Durante esse atraso, as aeromoças serviam suco de laranja e café. Duas crianças brincavam de pega-pega no corredor e, em algum lugar atrás de mim, um homem começou a gritar com uma mulher que parecia ser sua esposa. Digo que a mulher *parecia* ser sua esposa só porque o tom da invectiva dele parecia experiente, embora as únicas palavras que ouvi com clareza tenham sido estas: "Você me faz querer cometer homicídio." Depois de um momento, percebi a porta do avião sendo aberta algumas fileiras atrás de mim, e o homem correndo. Houve vários funcionários da Pan American correndo de lá para cá, e uma confusão considerável. Não sei se o homem voltou ao avião antes da decolagem ou se a mulher veio para Honolulu sozinha, mas pensei nisso por todo o trajeto através do Pacífico. Pensei nisso enquanto bebia um xerez com gelo e durante o almoço. Continuava pensando nisso quando a primeira das ilhas do Havaí apareceu na ponta da asa esquerda. Mas foi só quando já havíamos passado o Diamond Head e estávamos descendo sobre os recifes para pousar em Honolulu que me dei conta do que mais havia me desagradado no incidente: o aspecto de conto, de uma daquelas narrativas de "pequena epifania" em que o(a) protagonista tem um vislumbre de uma crise na vida de estranhos — com frequência uma mulher soluçando em um salão de chá ou um acidente visto da janela de um trem, "salões de chá" e "trens" sendo ainda elementos dos contos, embora não mais da vida real — e é levado(a) a ver o marido ou a esposa sob uma nova luz. Não estava indo a Honolulu porque queria ver a vida reduzida a um conto. Estava indo a Honolulu porque queria ver a vida expandida em um romance, e ainda quero. Queria um lugar para flores, e peixes dos recifes, e pessoas que podiam ou não fazer as outras terem vontade de cometer homicídio, mas que, de qualquer forma, não eram impelidas, pelas exigências das convenções narrativas, a dizer isso em voz alta no voo das 8h45 da Pan American para Honolulu.

1977: Nunca vi um cartão-postal do Havaí que mostrasse Schofield Barracks. Schofield é fora de mão, fora da rota do turismo, junto às piscinas sombrias do Wahiawa. Sair de Honolulu e dirigir para o interior até Schofield é sentir a atmosfera ficando turva, as cores escurecendo. Os tons pastel translúcidos da costa famosa dão lugar aos verdes opacos do interior de Oahu. Corais brancos triturados dão lugar à terra vermelha, areia fina, solo de laterita vermelho-escuro que se esfarela fácil na mão e forma uma película sobre gramados, botas e calotas. Nuvens se amontoam sobre a cordilheira de Waianae. A queima de cana dispara fumaça no horizonte e a chuva cai intermitente. COMPRE COUVES, é o aviso de uma placa em uma mercearia deteriorada em Wahiawa, do outro lado da ponte de duas pistas do porão de Schofield. Casa de massagem, desconto cheques, salão de bilhar do Havaí, happy hour, compro carros usados. Empréstimos Schofield. Penhor Schofield. Motel das Areias de Schofield. E então por fim Schofield propriamente dita, a que todos conhecemos do livro *A um passo da eternidade*, de James Jones. A Schofield que é o lar da 25ª Divisão de Infantaria "Tropic Lightning", antes Divisão do Havaí, a divisão do próprio James Jones, a divisão de Robert E. Lee Prewitt, a divisão de Maggio, Warden, Stark e Dynamite Holmes, *Pronto para lutar*, *Treinado para vencer*, *Preparado para partir*. Todas as guerras são vencidas no fim das contas pelo soldado de infantaria. Por esses portais passaram os melhores soldados do mundo — SOLDADOS DA 25ª *DIVISÃO DE INFANTARIA*. Nunca dirigi por Schofield e vi essas palavras sem ouvir o blues no final de *A um passo da eternidade*.

> *Got paid out on Monday*
> *Not a dog soldier no more*
> *They gimme all that money*
> *More dough than I can use. Reenlistment Blues.*
> *Ain't no time to lose. Reenlistment Blues.*

Certos lugares parecem existir apenas porque alguém escreveu a respeito deles. O Kilimanjaro pertence a Ernest Hemingway. Oxford, Mississippi, pertence a William Faulkner, e, em uma semana quente de julho em Oxford, fui impelida a passar uma tarde andando pelo cemitério à procura da lápide dele, um tipo de visita de cortesia ao dono da propriedade. Um lugar pertence eternamente a quem quer que o reivindique com maior firmeza, que o recorde de forma mais obsessiva, que o arranque de si mesmo, que o molde, que o traduza, que o ame de maneira tão radical que o reconstrua à própria imagem, e não apenas Schofield Barracks, mas uma grande parte da própria Honolulu sempre pertenceu, na minha opinião, a James Jones. A primeira vez que vi a Hotel Street, em Honolulu, foi em uma noite de sábado de 1966 quando todos os bares e estúdios de tatuagem estavam repletos de policiais militares, garotas à caça de dinheiro e jovens de 19 anos, a caminho ou de volta de Saigon, à caça de uma garota. Lembro-me de procurar naquela noite pelos lugares específicos que apareciam em *A um passo da eternidade*: o Black Cat, o Blue Anchor, o bordel que Jones chamava de New Congress Hotel. Lembro-me de levar Wilhemina Rose para procurar a casa de Amma e lembro-me de sair do Royal Hawaiian esperando ver Prewitt e Maggio sentados no meio-fio. Lembro-me de andar pelo campo de golfe do Waialae Country Club tentando descobrir onde Prewitt tinha morrido. Acho que foi nos bancos de areia perto do quinto buraco.

É difícil ver um desses lugares reivindicados pela ficção sem uma confusão súbita, um escorregão, certa oclusão vertiginosa do imaginado e do real, e o escorregão foi particularmente acentuado da última vez que desembarquei em Honolulu, em um dia de junho quando fazia apenas algumas semanas que o autor de *A um passo da eternidade* tinha morrido. Em Nova York, a morte de James Jones havia sido ocasião de muitas considerações e reconsiderações. Muitas culpas mesquinhas foram relembradas e exorcizadas. Muitas lições foram pressupostas, tanto na morte quanto na vida. Em Honolulu, a morte de James Jones havia sido marcada pela publicação, no *Honolulu Star-Bulletin*, de um trecho do *Diário do Vietnã* do autor, o epílogo, a parte em que fala de voltar a Honolulu em 1973 e procurar os lugares que havia recordado em *A um passo da eternidade*, mas visto pela última vez em 1942, quando tinha 21 anos e partiu para Guadalcanal com a 15ª Divisão. Em 1973, as cinco casamatas em Makapuu Head estavam, aos olhos de James Jones, exatamente como ele as havia deixado em 1942. Em 1973, o Royal Hawaiian era, aos olhos de James Jones, menos terrivelmente rico do que quando o deixou em 1942, e lhe ocorreu, com uma pungência significativa, que era um homem na casa dos 50 que podia entrar no Royal Hawaiian e comprar o que quisesse.

Ele comprou uma cerveja e voltou para Paris. Em junho de 1977 estava morto, e não era possível comprar um exemplar do seu grande romance em nenhuma livraria de Honolulu, justamente seu romance vivo, o romance em que amou tanto Honolulu que a reconstruiu à sua imagem.

"É um dos mais vendidos?", perguntou o vendedor de uma livraria para mim. O menino de ouro encarregado em outra sugeriu que eu tentasse a estante de ciência psíquica. Naquele instante, achei que me entristecia por James Jones, um homem que nunca conheci, mas acho que me entristecia por todos nós: por Jones, por mim, por quem sofria por culpas mesquinhas e pelos seus exorcistas, por Robert E. Lee Prewitt, pelo hotel Royal Hawaiian e por esse imbecil cintilante que acreditava que a eternidade era uma ciência psíquica.

Nunca tive certeza se a austeridade extrema de *A um passo da eternidade* é um reflexo da luz de Schofield Barracks ou se vejo a luz como austera porque li James Jones. "Choveu a manhã inteira e então, de repente, clareou ao meio-dia. O ar, hoje recém-lavado, era como um cristal escuro na luminosidade aguda e dava um foco sombrio a cada imagem." Foi nessa incidência sombria que James Jones moldou Schofield, e foi nessa incidência sombria que vi Schofield pela última vez, em uma segunda-feira durante aquele mês de junho. Choveu pela manhã e o cheiro de eucalipto estava forte no ar. Tive novamente aquela sensação familiar de ter deixado a costa brilhante e entrado em uma região mais escura. O contorno negro da cordilheira de Waianae parecia obscuramente opressivo. Um quarteto no campo de golfe do posto parecia estar jogando desde 1940, condenado a prosseguir para sempre. Um soldado fardado parecia estar aparando uma sebe de buganvílias com uma foice, mas os movimentos dele eram hipnoticamente desacelerados, e a foice nunca chegava a tocar a sebe. Em volta do quadro tropical, nos bangalôs onde as famílias dos oficiais de Schofield sempre tinham vivido, havia um triciclo aqui e outro ali, mas nenhuma criança, nenhuma esposa, nenhum sinal de vida exceto um Yorkshire Terrier latindo no gramado do bangalô de um coronel. Por acaso passei algum tempo em postos do exército na condição de filha de um oficial, até brinquei com cãezinhos em gramados nos alojamentos dos coronéis, mas vi esse Yorkshire com os olhos de Prewitt e o odiei.

Dirigi até Schofield em outras épocas, mas essa viagem era diferente. Estava fazendo essa viagem pela mesma razão pela qual tinha andado pelo cemitério de Oxford, uma visita de cortesia ao dono. Nessa viagem, marquei encontros, falei com pessoas, fiz perguntas e anotei as respostas, almocei com meus anfitriões no Aloha Lightning NCO Club, vi os troféus do regimento e estudei os retratos dos comandantes em todos os corredores por onde andei. Ao contrário dos livreiros de Honolulu, os homens que conheci em Schofield, esses homens de farda verde, sabiam muito bem quem foi James Jones, sua obra e até mesmo onde havia dormido, o que tinha comido e provavelmente o quanto ficara bêbado durante os três anos que passou em Schofield. Eles se lembravam dos episódios e cenários de *A um passo da eternidade* nos mínimos detalhes. Apontaram os lugares que eu com certeza ia querer ver: a quadra D, a antiga paliçada, a pedreira, Kolekole Pass. Algumas semanas antes, o cinema do posto exibira uma sessão especial do filme *A um passo da eternidade*, um evento organizado pela Sociedade Histórica dos Amigos da Tropic Lightning. Todo mundo com quem conversei em Schofield fora à sessão. Vários desses homens eram cuidadosos ao avaliar a identificação óbvia com a visão de James Jones a respeito da vida deles, apontando que o exército os havia mudado. Outros não mencionavam a mudança. Um deles, um jovem que tinha se realistado e agora queria sair, mencionou que não sentia mudança alguma. Estávamos de pé no gramado da quadra D, a quadra de Jones, a quadra de Robert E. Lee Prewitt, e eu observava o movimento preguiçoso em torno do quarteirão, alguns soldados jogando uma bola de basquete em um aro, outro limpando um M-16, uma discussão desconexa na porta do armazém — quando ele expôs voluntariamente certa insatisfação incipiente com os seis anos na 25ª Divisão. "Li esse livro, *A um passo da eternidade*", disse ele. "Ainda fazem os mesmos joguinhos por aqui."

Suponho que tudo mudou e nada mudou. Um refeitório agora era chamado de "unidade de refeições", mas ainda serviam carne-seca com pão tostado e ainda chamavam aquilo de "SOS". Um armazém agora era chamado de "unidade de armazenamento", e a unidade de armazenamento para todas as instalações militares de Oahu agora ficava em Pearl Harbor, mas o velho armazém de Schofield era agora o quartel-general da polícia militar, e, durante o tempo em que estive lá, os policiais militares trouxeram um soldado com as mãos algemadas, nu da cintura para cima e sem sapatos. Investigadores de camisa havaiana conversavam no pátio de exercícios. Materiais de escritório eram armazenados em algumas das celas de "confinamento intensivo", mas ainda havia os beliches de madeira natural, as "camas de chapa", camas para aquelas ocasiões, como me explicou um major que um dia esteve encarregado do armazém em Schofield, "em que um cara está completamente ensandecido e começa a rasgar o colchão". Ali na parede ainda havia os diagramas detalhando a ordem na qual os pertences deviam ser arrumados: TOALHA BRANCA, SABONETE COM

SABONETEIRA, DESODORANTE, CREME DENTAL, ESCOVA DE DENTE, PENTE, CREME E APARELHO DE BARBEAR.

Achei difícil, em vários sentidos, ir embora de Schofield naquele dia. Tinha assumido os movimentos narcolépticos do dia no exército. Tinha me apropriado dos padrões pastosos da fala do exército. Levei um exemplar do *Tropic Lightning News* comigo de volta para Honolulu, e o li à noite no quarto do hotel. Durante o mês de maio, a polícia militar de Schofield notificara 32 prisões por direção sob a influência de álcool, 115 por posse de maconha, além de roubos de uma variedade de itens, incluindo um amplificador Sansui, um pré-amplificador e sintonizador Sansui, uma rádio-vitrola Kenwood, dois alto-falantes Bose e o tacômetro de um Ford Mustang de 1969. Na coluna "Conversa de Tropa", pediram para um cabo, dois especialistas classificação quatro e um sargento apontarem o posto ideal ou favorito deles. Um escolheu Fort Hood. Outro escolheu Fort Sam Houston. Nenhum escolheu Schofield Barracks. Na coluna de cartas, um correspondente aconselhava uma integrante do exército, que tinha se oposto às apresentações no NCO Club, a ficar em casa ("Criamos ele quando vocês, garotas, não tinha acesso à diversão, mas as adoráveis feministas acabaram com isso"). Outro aconselhava "os ratos de quartel" a parar de dedicar suas vidas a "eliminar o ódio do exército ao se permitirem fumar, beber ou ouvir Peter Frampton a oitenta decibéis". Pensei em ratos de quartel, em Prewitt and Maggio e no ódio do exército, e me pareceu, naquela noite em Honolulu, que só os detalhes tinham mudado, que James Jones se dera conta de uma verdade imensa e simples: o exército não era nada mais, nada menos do que a própria vida. Gostaria de poder dizer que no dia de maio em que James Jones morreu alguém deu um toque de clarim em sua homenagem em Schofield Barracks, mas acho que a vida não é bem assim.

1969-1977

Em Hollywood

"Você pode achar que conhece bem Hollywood, como eu achei", disse Cecilia Brady ao leitor em *O último magnata*. "Ou pode rejeitar a cidade com o desprezo que reservamos àquilo que não compreendemos. Ela também pode ser compreendida, mas apenas de forma vaga e em lampejos. Não chega a meia dúzia o número de homens capazes de manter a equação inteira dos filmes na cabeça."

Na medida em que *O último magnata* fala "de" Hollywood, ele não é sobre Monroe Stahr, mas sobre Cecilia Brady. Qualquer um que entenda a equação dos filmes, mesmo que de forma vaga e em lampejos, vai captar de imediato: os Monroe Starhs vêm e vão, mas as Cecilia Bradys são a segunda geração, as sobreviventes, as herdeiras de uma comunidade tão intricada, rígida e ilusória nos costumes quanto qualquer uma concebida neste continente. Em pleno inverno, nos casarões de Benedict Canyon, as lareiras ardem o dia inteiro com carvalho arbustivo e eucalipto, as janelas ficam escancaradas para o sol subtropical, os quartos são tomados por orquídeas *phalaenopsis* e *cymbidium* brancas e tapetes em ponto-cruz e pela fragrância indispensável das velas Rigaud. Os convidados do jantar cutucam o peixe grelhado e o *vinaigrette* de alface com garfos de prata *vermeil*, recusam a sobremesa, passam à sala de projeção e se acomodam para assistir a *O rapaz que partia corações* com um copo de água tônica com Baccarat.

Depois do filme, as mulheres, um número significativo das quais parece ter de um choque crônico para uma imbecilidade difícil de definir, discutem em um ritual de meia hora os deslocamentos dos conhecidos de um polo ao outro e a paz de espírito derivada das aulas de ginástica, do balé e do uso de guardanapos de papel na praia. *Virginia Woolf*, de Quentin Bell, era um acontecimento aprovado nesse inverno, assim como os acrobatas chineses, as visitas recentes de Bianca Jagger a Los Angeles e a abertura em Beverly Hills de uma filial da Bonwit Teller. Os homens falam de filmes, de arrecadações, do acordo, das apostas nos talentos.

"Admita", ouvi alguém dizer em uma noite dessas a respeito de um diretor cujo filme mais recente tinha estreado alguns dias antes com resultados mornos. "Semana passada ele era financiável."

Essas noitadas terminam antes da meia-noite. Os casais vão embora juntos. Se há infelicidade no matrimônio, ela não será mencionada até um dos protagonistas ser visto almoçando com um advogado. Se há doença, ela não será admitida até o início do coma terminal. Discrição é "bom gosto", e também um bom negócio, já que há imponderáveis suficientes no negócio de Hollywood sem que se entregue os dados para jogadores distraídos demais para se concentrar na ação. Essa é uma comunidade cujos excessos notórios não incluem quase nenhum da carne ou do espírito: o adultério heterossexual é menos tolerado do que casamentos homossexuais respeitáveis e estáveis, ou ligações bem conduzidas entre mulheres de meia-idade.

"Um bom relacionamento lésbico, a coisa mais comum do mundo", lembro-me de Otto Preminger insistindo quando meu marido e eu questionamos em voz alta se a heroína do filme de Preminger que estávamos escrevendo devia ter um. "Bem fácil de arranjar, não ameaça o casamento."

Flertes entre homens e mulheres, como drinques depois do jantar, permanecem em larga medida o luxo de atores coadjuvantes vindos de Nova York, de escritores de uma obra só, de resenhistas sendo cortejados pelo pessoal da indústria e de outros que não entendem a *mise* da *scène* local. Nas casas dos herdeiros, a preservação da comunidade é *primordial*, e também é Universal, Columbia, Fox, Metro e Warner's. É nesse tropismo voltado para a sobrevivência que Hollywood às vezes aparenta ser a última sociedade estável existente.

Certa tarde, não muito tempo atrás, em um estúdio onde meu marido trabalhava, o diretor de um filme em produção sofreu uma parada cardíaca. Às dezoito horas, a condição do diretor já estava sendo discutida na sauna dos executivos.

"Liguei para o hospital", disse o chefe de produção. "Falei com a esposa dele."

"Você ouviu o que o Dick fez?", perguntou um dos outros homens na sauna. "Não foi uma coisa legal da parte do Dick?"

Essa história ilustra vários elementos da realidade social em Hollywood, mas poucas das várias pessoas que não pertencem à indústria para quem a relatei a entenderam. Por um lado, ela envolve um "estúdio". Pessoas de fora da indústria são dominadas pela ilusão de que os "estúdios" não têm nada a ver com a realização de filmes hoje em dia. Elas escutaram em algum momento a expressão "produção independente", e imaginaram que significa o que as palavras significam. Ouviram falar em "desertores", em "estúdios de som vazios", em "sentença de morte" e "sentença de morte da indústria".

De fato, a economia bizantina, mas bastante eficiente, do negócio torna essa retórica ainda mais sem sentido do que parece: os estúdios ainda fornecem quase todo o dinheiro. Ainda controlam toda a distribuição efetiva. Em retribuição por financiar e distribuir os filmes "independentes" medianos, o estúdio ganha não apenas a percentagem mais alta (pelo menos metade) de qualquer lucro que o filme gere, mas, o mais significativo, cem por cento do que o filme levanta até o determinado "ponto de equilíbrio", um número arbitrário em geral fixado em 2,7 ou 2,8 vezes o custo real, ou "negativo", do filme.

O mais significativo de tudo, o "ponto de equilíbrio" nunca representa um ponto em que o estúdio de fato atinge o equilíbrio em dada produção: esse ponto é atingido, exceto no papel, muito tempo antes, uma vez que o estúdio já recebeu de dez a 25 por cento do orçamento do filme como um custo de "despesas gerais", um aluguel adicional e outras taxas por quaisquer serviços efetivamente prestados à produtora, e continua a receber, depois do lançamento, um pagamento cujo valor é cerca de um terço do faturamento do filme como um encargo de "distribuição". Em outras palavras, há um faturamento considerável embutido no próprio risco. Por isso que se comenta que o filme ideal, do ponto de vista do estúdio, com frequência é o que rende um dólar a menos do que o ponto de equilíbrio. Uma contabilidade de subsistência aperfeiçoada tem sido desenvolvida, sobretudo em Chicago e Las Vegas.

Ainda assim, a norma para qualquer um que escreve a respeito de Hollywood é fugir da realidade econômica e partir em direção a uma metáfora mais atraente, no geral paleontológica, vide John Simon: "Não vou repetir aqui os fatos bastante conhecidos acerca de como a indústria começou a morrer por ser muito avantajada, banguela e datada — exatamente como todos esses outros lagartões de algumas eras atrás..." Tão dominante é o vocabulário da extinção (Simon se esqueceu da alusão obrigatória ao poço de piche de La Brea, em Hancock Park) que visitantes com frequência me garantem que os estúdios são "necrotérios", que estão "fechados", que na "nova Hollywood" o "estúdio não tem nenhum poder". O estúdio tem.

Janeiro na última sociedade estável existente. Sei que é janeiro apenas porque a mostarda-dos-campos cobre as colinas com uma película amarelo-ácido, há poinsétias na frente de todos os bangalôs em torno da Goldwyn e da Technicolor, e muita gente de Beverly Hills está em La Costa e Palm Springs — e muita gente de Nova York está no Beverly Hills Hotel.

"Esta cidade inteira está morta", me diz um desses visitantes de Nova York. "Dei um pulo no Polo Lounge noite passada. O lugar estava deserto." Ele fala isso para mim todo mês de janeiro, e todo mês de janeiro eu respondo que as pessoas que moram e trabalham aqui não frequentam bares de hotéis nem antes, nem depois do jantar, mas ele prefere a versão dele. Pensando bem, só consigo me lembrar de três pessoas de Nova York que não pertencem à indústria cuja versão de Hollywood corresponde bem à realidade do lugar: Johanna Mankiewicz Davis, Jill Schary Robinson e Jean Stein vanden Heuvel, filhas, respectivamente, do falecido roteirista Herman Mankiewicz; do produtor e ex-diretor de produção na Metro, Dore Schary; e do fundador da Music Corporation of America e da Universal Pictures, Jules Stein.

"Não gostamos de estranhos em Hollywood", disse Cecilia Brady.

Os dias passam. Visitantes chegam, dão uma espiada no Polo Lounge e vão embora, firmes na convicção de que haviam penetrado em uma zona de desastre camuflada artisticamente. O correio traz um comunicado da 20th Century-Fox sobre um filme no qual meu marido e eu supostamente temos "pontos", ou uma percentagem. O filme custou 1.367.224,57 dólares. Até então arrecadou 947.494,86 dólares. Para o calculador ocasional, o comunicado poderia sugerir que o filme está mais ou menos 400 mil dólares longe do ponto de equilíbrio, mas não é o caso:

o comunicado informa que está 1.389.112,72 dólares longe do ponto de equilíbrio. "1.389.112,72 não recuperados" é literalmente a conclusão.

Em vez de tentar entender por que um empreendimento que custou 1,3 milhão e recuperou quase 1 milhão permanece 1,3 milhão no vermelho, decido cortar o cabelo, capto as negociações, descubro que *O destino de Poseidon* está arrecadando 4 milhões de dólares por semana, que Adolph "Papa" Zukor vai celebrar o centésimo aniversário dele em um jantar patrocinado pela Paramount e que James Aubrey, Ted Ashley e Freddie Fields alugaram uma casa juntos em Acapulco para o Natal. No ponto em que as coisas estão, James Aubrey é a Metro-Goldwyn-Mayer. Ted Ashley é a Warner Brothers. Freddie Fields é a Creative Management Associates, a First Artists Company e a Directors Company. Os jogadores vão mudar, mas o jogo continuará o mesmo. A conclusão parece clara na sobrevivência de Adolph "Papa" Zukor, mas não ainda na de James Aubrey, Ted Ashley e Freddie Fields.

"Escute, tenho essa história linda", diz o meu cabeleireiro. "Pense em algo como uma nova Dominique Sanda desconhecida. *Comprenez* até aqui?"

Até aqui *comprends*. O homem que corta o meu cabelo, como todos os outros na comunidade, está à procura da ação, do jogo, de algumas fichas para lançar. Aqui, no grande cassino, ninguém precisa de capital. Só de uma história linda é necessária. Ou quem sabe, se nenhuma história linda surgir, é necessário ter quinhentos dólares para dividir o pagamento de mil dólares dos direitos da (admita) linda propriedade intelectual de outra pessoa. (Um livro ou uma história é uma "propriedade" só até a transação; depois disso é o "material básico", como em "Não li o material básico de *Gatsby*".) Verdade, o cassino não está mais tão escancarado quanto o verão e o outono de 1969, em que cada estúdio da cidade estava obcecado pelos rendimentos de *Sem destino*, e tudo que era necessário para tirar um filme do papel era a insinuação de um orçamento de 750 mil dólares, uma equipe da National Association of Broadcast Employees and Technicians (NABET) de baixo custo (ou até mesmo uma equipe não sindicalizada) e aquele diretor formidável de 22 anos. Como se viu, a maior parte desses filmes era rodada por equipes da International Alliance of Theatrical Stage Employees (IATSE) em vez da NABET e custava não 750 mil, mas 1,2 milhão. E muitos acabavam engavetados, sem sequer ser lançados. E então ali estava um verão bastante ruim, a ressaca do verão de 1970, quando ninguém podia cruzar o portão sem pedir permissão a Barbra Streisand.

Aquele foi o verão em que todos os diretores formidáveis de 22 anos voltaram a filmar comerciais de televisão e todos os produtores criativos de 24 anos torraram os aluguéis nos escritórios na Warner Brothers para ficar sentados ali na luz do sol baça de Burbank fumando maconha antes do almoço e assistindo aos filmes nunca lançados uns dos outros depois do almoço. Mas aquele período terminou e o jogo estava de volta, o dinheiro para os projetos disponível, um negócio dependendo apenas da história linda e dos elementos certos. Os elementos importam.

"A gente gosta dos *elementos*", dizem nos estúdios quando vão (quem sabe) fechar um negócio. Por isso o homem que corta o meu cabelo está contando a história dele. Uma escritora pode ser um elemento. Ouço porque de certa maneira sou uma audiência cativa, ainda que voluntária, não só do cabeleireiro mas do grande cassino.

O lugar faz de todo mundo um apostador. Seu espírito é veloz, obsessivo, imaterial. A ação propriamente dita é uma forma de arte, e é descrita em termos estéticos: "Um contrato bem imaginativo", dizem, ou "Ele escreve os contratos mais criativos do ramo". Há, em Hollywood, como em todas as culturas nas quais o ato de apostar é uma atividade central, uma energia sexual reduzida, uma incapacidade de dedicar mais do que uma atenção simbólica às preocupações da sociedade lá fora. A ação é tudo, mais absorvente do que sexo, mais imediata do que a política; ela é sempre mais importante do que ganhar dinheiro, que nunca é o objetivo real do exercício para o apostador.

Converso por telefone com um agente que me diz que, na mesa dele, há um cheque no valor de 1.275.000 dólares para um cliente, a participação dele nos primeiros lucros de um filme sendo lançado agora. Semana passada, no escritório de alguém, me mostraram outro cheque desses, no valor de 4.850.000 dólares. Todos os anos há alguns cheques desses pela cidade. Um agente vai se referir a esse cheque como estando "na minha mesa", ou "na mesa de Guy McElwaine", como se a localização física exata desse credibilidade ao pedaço de papel. Em um ano podem ser cheques de *Perdidos na noite* e *Butch Cassidy*, no ano seguinte de *Uma história de amor* e *O poderoso chefão*.

Em um sentido curioso, esses cheques não são "reais", não são dinheiro de verdade, não como um cheque de milhares de dólares pode ser dinheiro de verdade. Ninguém "precisa" de 4.850.000 dólares, nem este é um rendimento disponível. É, em vez disso, a recompensa inesperada por dados jogados um ou dois anos antes, e a realidade dela é alterada não só pelo intervalo de tempo, mas pelo fato de que ninguém contava com o pagamento. Um golpe de sorte de 1,4 milhão parece apenas dinheiro de Banco Imobiliário, mas os pedaços de papel que trazem esses números têm, na comunidade, um significado totêmico. São os totens da ação. Quando ouço falar desses totens, penso automaticamente em Sergius O'Shaugnessy, que, às vezes, acreditava no que dizia e tentou a cura no sol bem real de Desert D'Or, com os cactos, as montanhas e as folhagens verdes e brilhantes do amor e do dinheiro.

Uma vez que, na comunidade, qualquer sobrevivente é considerado capaz de outorgar aos outros um parentesco ritual e afortunado, o jantar de aniversário para Adolph "Papa" Zukor também revelou um significado totêmico. O jantar foi descrito por Robert Evans, chefe de produção da Paramount, como "uma das noites memoráveis da nossa indústria. Nunca houve ninguém que atingiu os cem antes". Músicas de sucesso de filmes antigos da Paramount foram tocadas durante o jantar. Jack Valenti se referia ao convidado de honra como "a prova viva, no mundo do cinema, de que há uma conexão entre a gente e o nosso passado".

O próprio Zukor, que é descrito no *Who's Who* como "industrial do cinema" e na *Daily Variety* como um "seguidor fiel da filosofia segundo a qual hoje é o primeiro dia do resto da sua vida", apareceu depois do jantar para expressar a crença no futuro do cinema e o contentamento com a arrecadação recente da Paramount. Vários dos presentes tiveram a chance, ao longo dos anos, de ver Adolph "Papa" Zukor com certo rancor, mas nesta noite houve entre eles uma cordialidade resignada, um reconhecimento de que comparecerão ao enterro uns dos outros. Essa cura cerimonial de velhas e recentes feridas era um estilo de vida entre os sobreviventes, assim como os próprios ferimentos. "Ir se divertir um pouco" é como os ferimentos são chamados. "Vamos ver Nick. Acho que vamos nos divertir um pouco", David O. Selznick lembrava de seu pai lhe dizendo isso quando o Selznick mais velho estava prestes a dizer para Nick Schenk que ia tirar cinquenta por cento do lucro de *Ben-Hur* dele.

O inverno avança. Meu marido e eu pegamos um voo para Tucson com nossa filha para alguns dias de reunião com o produtor na locação a respeito de um roteiro. Saímos para jantar em Tucson: a babá me diz que conseguiu uma foto autografada de Paul Newman para o filho deficiente físico.

Pergunto quantos anos o filho dela tem. "Trinta e quatro", responde.

Viemos passar dois dias, ficamos quatro. Raramente deixamos o Hilton Inn. Para todo mundo no filme, essa vida na locação vai seguir por doze semanas. O produtor e o diretor coletam cintos navajo e falam diariamente com Los Angeles, Nova York, Londres. Estão organizando outros negócios, outra ação. Quando o filme for lançado e resenhado, eles estarão em outras locações. Um filme sendo lançado são águas passadas. Um filme sendo lançado tende a se apagar da mente das pessoas que o fizeram. Assim como o cheque de 1,4 milhão é apenas o totem da ação, em vários sentidos o filme é apenas o subproduto da ação. "Vamos nos divertir um pouco com esse", diz o produtor quando deixamos Tucson. "Ir se divertir um pouco" também é como a própria ação é chamada.

Repasso essas notas como forma de sugerir que muito do que é escrito a respeito do cinema e de seus profissionais só toca a realidade de maneira ocasional e acidental. Ao mesmo tempo, a confiança com que vários dos que escrevem a respeito de filmes impingem seus equívocos me intriga um bocado. Costumava me perguntar como, digamos, Pauline Kael podia deslizar por orações subordinadas etéreas como "agora os estúdios estão em queda", ou como podia interpretar tão mal os princípios labirínticos das noites da indústria a ponto de caracterizar "as esposas de Hollywood" como mulheres "que trincam os maxilares nas noites em que permanecem sentadas sóbrias nas festas, esperando para levar seus gênios bêbados para casa". (Essa fantasia, por mais estranha que pareça, veio à tona em uma resenha de *Um doido genial*, filme de Paul Mazursky que, quaisquer que fossem suas falhas, retratava com precisão meticulosa aquele nível da "jovem" Hollywood em que a média diária de ingestão de narcóticos é de uma taça de Mondavi branco de três dólares e dois cigarros de maconha compartilhados por seis pessoas.) Esses maridos "bêbados" e esses estúdios "em queda" têm menos a ver com a vida em Hollywood do que com o bizarro *Playhouse 90* do West Side sobre a vida em Hollywood, provavelmente o mesmo que Stanley Kauffmann enxerga no monitor mental quando se refere a um diretor como John Huston como "corrompido pelo sucesso".

O que dizer dessa mentalidade em particular? Certas pessoas que escrevem a respeito de filmes parecem estar em um conflito tão apaixonado com o que Fellini e Truffaut chamaram de dimensão "circense" da realização de filmes que não há dúvida de que nunca vão entender a realidade social ou emocional do processo. Nesse contexto, penso em Kauffmann, cuja ideia de informação sórdida sobre o circo é a revelação de que o trapezista está lá no alto para chamar nossa atenção. Lembro-me dele avisando aos leitores que Otto Preminger (o mesmo Otto Preminger que escalou Joseph Welch para *Anatomia de um crime* e pôs Louis Nizer para escrever um roteiro sobre os Rosenberg) era um "exibicionista comercial", e também os informou de que estava ciente da "falsidade" na cena de perseguição em *Bullitt*:

"Essa perseguição pelas ruas de São Francisco ia ter acabado em morte bem mais rápido na vida real."

Algo curioso a respeito de Kauffmann é que tanto na recalcitrância obstinada quanto na dicção arrogante ele não se distingue de muitos membros da própria indústria. Ele é um sujeito que considera R.D. Laing "ardentemente humano". Lewis Mumford é "civilizado e civilizador", e alguém com quem temos uma "enorme dívida". Arthur Miller é um "protagonista trágico" afastado da sua arte somente pelos "grilhões do nosso tempo". É o vocabulário do prêmio humanitário Jean Hersholt. Kauffmann adivinha em *Bullitt* não só o "fingimento", mas uma "intenção possivelmente propagandística": "mostrar (sobretudo para os jovens) que a lei e a ordem nem sempre são chatas." A "intenção" em *Bullitt* era mostrar que milhões de pessoas iam pagar três dólares para assistir a Steve McQueen dirigir em alta velocidade, mas Kauffmann, como meu conhecido que dá notícias sobre Polo Lounge, parece preferir a versão dele.

"Pessoas do Leste fingem estar interessadas em como os filmes são feitos", observou Scott Fitzgerald em suas notas sobre Hollywood. "Mas se você diz alguma coisa para elas, você descobre [...] que elas nunca enxergam o ventríloquo, apenas o boneco. Mesmo os intelectuais, que deveriam ser menos ingênuos, gostam de ouvir falar nas pretensões, extravagâncias e vulgaridades — diga a eles que os filmes têm uma gramática própria, como a política, a fabricação de automóveis ou a sociedade, e observe o olhar vazio no rosto deles."

Claro que existe uma boa razão para esse olhar vazio, para essa inquietação quase nauseante em relação aos filmes. Reconhecer que o filme não é nada além do subproduto da ação é tornar um tanto mais árdua a tarefa de manter sua autoimagem como (a própria definição do trabalho de Kauffmann) "um crítico de novas obras". Fazer julgamentos a respeito de filmes é, em vários sentidos, uma ocupação tão peculiar e vaporosa que a pergunta que fica no ar é: por quê, para além das oportunidades óbvias de ser pago para dar palestras e um tiquinho de carreirismo em um nível deprimente e autolimitante, alguém faria isso? Um filme finalizado desafia todas as tentativas de analisar o que o faz funcionar ou não: a responsabilidade por cada imagem é obscurecida não apenas nos acidentes e compromissos da produção, mas nas cláusulas do financiamento. *Os implacáveis* era o filme de Sam Peckinpah, mas os "cortes" foram de Steve McQueen, ou o direito final de editar. *Além das fronteiras do lar* era o filme de Irvin Kershner, mas os cortes foram de Barbra Streisand. Em uma séria de entrevistas com diretores, Charles Thomas Samuels perguntou a Carol Reed por que ele usara o mesmo editor em tantos filmes.

"Eu não tinha controle", respondeu. Samuels perguntou para Vittorio de Sica se ele não havia achado um certo resultado em um dos filmes dele com Sophia Loren um pouco artificial. "Foi filmado pela segunda unidade", falou De Sica. "Não dirigi o filme." Em outras palavras, Carlo Ponti o queria.

Nem sequer chamar o filme de "meio colaborativo" descreve com rigor a situação. Ler as instruções de David O.

Selznick para seus diretores, roteiristas, atores e chefes de departamento em *Memo from David O. Selznick* é chegar bem perto do espírito da verdadeira realização de um filme, um espírito não de colaboração, mas de conflito armado, em que um antagonista tem um contrato que lhe garante poder nuclear. Alguns resenhistas fazem questão de tentar entender de quem é o filme "olhando o roteiro". Para entender de quem é o filme é preciso olhar não necessariamente o roteiro, mas o resumo do contrato.

Quanto ao melhor que um roteirista de cinema pode esperar fazer, então, é levar uma inteligência participativa ou interessada a incidir sobre um tema, uma espécie de *petit-point* em lenço de papel que quase nunca suporta muito escrutínio. "Intenções" são inferidas onde não existe nenhuma; alegações prolongam a mínima especulação. Talvez a dificuldade de saber quem fez determinadas escolhas em um filme torne essa volubilidade tão conveniente que ela acaba por contaminar qualquer escritor que faça carreira como resenhista; talvez o erro inicial seja ter uma carreira assim. Resenhar filmes, da mesma forma que resenhar carros novos, pode ou não ser um serviço útil para o consumidor (uma vez que as pessoas reagem a uma tela acesa em uma sala escura da mesma forma secreta e fortemente irracional como reagem à maioria dos estímulos sensoriais, tendo a ter uma opinião bastante boa e irrelevante a respeito disso, mas não importa). A resenha de filmes tem sido, ainda, uma distração para escritores cujo verdadeiro trabalho está em outro lugar. Umas quatrocentas manhãs passadas em sessões de exibição para a imprensa no final dos anos 1930 foram, para Graham Greene, uma "fuga", um estilo de vida "adotado de forma bastante voluntária por um senso de diversão". Só, talvez, quando esse senso de diversão é inflado até (Kauffmann de novo) "uma relação contínua com a arte" é que alguém se distancia a tal ponto do princípio de realidade.

Fevereiro na última sociedade estável existente. Alguns dias atrás, fui almoçar em Beverly Hills. Na mesa ao lado, havia um agente e um diretor que deviam estar, naquele momento, a caminho de uma locação para dar início a um novo filme. Sabia o que estavam fazendo porque esse filme tinha sido tema de conversas pela cidade: seis milhões de dólares acima da média. Dois milhões para um ator, 1,2 milhão para outro. O diretor estava dentro por 800 mil dólares. Os direitos tinham custado mais de meio milhão; o primeiro rascunho do roteiro, 200 mil dólares, o segundo, um pouco menos. Um terceiro escritor entrou na jogada por 6 mil dólares por semana. Entre os três escritores havia dois ganhadores do Oscar e um ganhador do prêmio da Associação dos Críticos de Nova York. O diretor tinha um Oscar por conta do penúltimo filme.

E agora o diretor se encontrava sentado a uma mesa de almoço em Beverly Hills e queria cair fora. O roteiro não estava ajustado. Só 38 páginas funcionavam, de acordo com ele. O financiamento era instável.

"Em quebra de contrato, todos reconhecemos seu direito de sair", disse com cuidado o agente. Ele representava vários dos diretores, e não queria que o diretor saísse. Por outro lado, também representava o diretor, que parecia infeliz. Era difícil determinar o que cada um dos envolvidos queria, a não ser que a ação continuasse. "Você sai", disse o agente, "e a coisa morre aqui, não que eu queira influenciar a sua decisão." O diretor pegou a garrafa de Margaux que estavam bebendo e examinou o rótulo.

"É bom esse bordeaux, hein?", disse o agente.

"Muito bom."

Fui embora quando o café estava sendo servido. Nenhuma decisão tinha sido tomada. Várias pessoas têm falado nos últimos dias desse filme abortado, sempre com uma nota de tristeza. Fora um contrato bem criativo e eles o colocaram em prática tão depressa quanto eram capazes de pôr. Eles se divertiram um pouco e agora a diversão acabara, como também aconteceria se tivessem feito o filme.

1973

Na cama

Três, quatro, às vezes cinco vezes por mês, passo o dia na cama com enxaqueca, insensível ao mundo ao redor. Quase todos os dias de todos os meses, entre esses episódios, sinto a irritação súbita e irracional e o fluxo de sangue nas artérias do cérebro que me dizem que uma enxaqueca está a caminho, e tomo certos remédios para evitar a chegada dela. Se não tomasse os remédios, talvez conseguisse funcionar um dia em quatro. O erro fisiológico chamado enxaqueca é, resumidamente, central para a minha vida. Quando tinha 15, 16, até mesmo 25 anos, costumava pensar que podia me livrar desse erro pela simples negação, o caráter superando a química.

"Você tem dor de cabeça *às vezes*? *Com frequência*? *Nunca*?", perguntariam os formulários de inscrição. "Primeira alternativa." Atenta à armadilha, desejando o que quer a condução bem-sucedida desse formulário em particular pudesse trazer (um emprego, uma bolsa de estudos, o respeito da humanidade e a graça de Deus), eu marcava a primeira. "*Às vezes*", eu mentiria. Parecia um segredo vergonhoso o fato de eu passar um ou dois dias por semana inconsciente de tanta dor, evidência não só de uma inferioridade química, mas de todas as minhas más ações, humores desagradáveis e ideias erradas.

Porque eu não tinha um tumor cerebral, fadiga ocular ou hipertensão. Não havia nada de errado comigo. Eu simplesmente tinha enxaqueca, e a enxaqueca era, como sabiam todos os que não a tinham, imaginária. Então lutei contra a enxaqueca, ignorava os alertas que mandava, ia para a escola e depois para o trabalho apesar dela, me sentava nas aulas de literatura e nas apresentações para anunciantes com lágrimas involuntárias escorrendo pelo lado direito do rosto, vomitava em banheiros, conseguia chegar em casa por instinto, esvaziava travessas de gelo em cima da cama e tentava congelar a dor na têmpora direita. Desejava um neurocirurgião que faria uma lobotomia em uma consulta domiciliar e amaldiçoava minha imaginação.

Isso foi um bom tempo antes de eu começar a pensar de forma mecanicista o bastante para aceitar a enxaqueca pelo que ela era: uma coisa com a qual eu teria que viver, do mesmo jeito que algumas pessoas vivem com diabetes. A enxaqueca é mais do que a fantasia de uma imaginação neurótica. É um conjunto hereditário de sintomas, dentre os quais o mais comumente notado, mas de modo algum o mais desagradável, é uma cefaleia vascular tão severa que chega a cegar, e que afeta um número espantoso de mulheres, um número razoável de homens (Thomas Jefferson tinha enxaqueca, assim como Ulysses S. Grant, no dia em que aceitou a rendição de Lee) e algumas crianças infelizes a partir dos 2 anos. (Tive minha primeira com 8 anos. Veio durante uma simulação de incêndio na Columbia School, em Colorado Springs. Fui levada primeiro para casa e depois para a enfermaria do Peterson Field, onde meu pai estava servindo. O médico da Força Aérea prescreveu um enema.) Praticamente qualquer coisa pode desencadear um ataque específico de enxaqueca: estresse, alergia, cansaço, uma mudança súbita na pressão atmosférica, um contratempo com uma multa por estacionar em lugar proibido. Uma luz piscando. Uma simulação de incêndio. Herda-se, claro, só a predisposição. Em outras palavras, passei o dia anterior na cama com uma dor de cabeça não só por causa das minhas más ações, dos meus humores desagradáveis e das minhas ideias erradas, mas porque as minhas duas avós tinham enxaqueca, meu pai tem enxaqueca e minha mãe tem enxaqueca.

Ninguém sabe o que é herdado exatamente. A química da enxaqueca, todavia, parece ter algumas conexões com o hormônio do sistema nervoso chamado serotonina, que está presente no cérebro. A quantidade de serotonina no sangue cai drasticamente no início de uma enxaqueca, e um remédio para a enxaqueca, a metisergida, ou Sansert, parece ter algum efeito sobre esse hormônio. A metisergida é um derivado do ácido lisérgico (de fato a farmacêutica Sandoz foi a primeira a sintetizar o LSD-25 enquanto buscava uma cura para a enxaqueca), e seu uso é cercado de tantas contraindicações e efeitos colaterais que a maioria dos médicos o prescreve apenas nos casos mais incapacitantes. A metisergida, quando prescrita, é tomada todos os dias como uma forma de prevenção; outra forma de prevenção que funciona para algumas pessoas é o antiquado tartarato de ergotamina, que ajuda a contrair os vasos sanguíneos inchados durante a "aura", o período que, em muitos casos, precede a enxaqueca propriamente dita.

Uma vez que um ataque está em curso, no entanto, nenhum remédio atua sobre ele. A enxaqueca dá a algumas pessoas alucinações leves, cega temporariamente outras, surge não apenas como uma dor de cabeça, mas como distúrbio gastrointestinal, uma sensibilidade dolorosa a toda estimulação sensorial, um cansaço abrupto e avassalador, uma afasia que lembra um derrame e uma inabilidade paralisante de fazer até mesmo as conexões mais rotineiras. Quando estou com a aura de enxaqueca (para algumas pessoas a aura dura quinze minutos, para outras, várias horas), dirijo em meio a luzes vermelhas, perco as chaves de casa, derramo o que quer que esteja segurando, perco a habilidade de focar os olhos ou formar frases coerentes. No geral, aparento estar sob efeito de drogas ou bêbada. A dor de cabeça propriamente dita, quando vem, traz calafrios, suor, náusea e uma fraqueza que parece forçar os limites do sofrimento. Para uma pessoa que está tendo um ataque, é uma bênção ambígua que ninguém morra de enxaqueca.

Meu marido também tem enxaqueca, infelizmente para ele e felizmente para mim. É provável que nada tenda a prolongar tanto um ataque quanto o olhar acusador de quem nunca teve uma dor de cabeça.

"Por que não toma duas aspirinas?", o imperturbado vai perguntar lá da porta, ou "Eu também ia ter dor de cabeça passando um dia lindo desses dentro de casa com todas as cortinas fechadas". Todos nós que temos enxaqueca sofremos não apenas com os próprios ataques, mas com essa convicção geral de que, de forma perversa, estamos rejeitando a cura por meio de duas aspirinas, de que estamos nos deixando doentes, de que "causamos isso a nós mesmos". No sentido mais imediato, no sentido de por que temos uma dor de cabeça nesta terça-feira e não na última quinta-feira, é claro que com frequência causamos. Com certeza existe o que os médicos chamam de "personalidade de enxaqueca", e essa personalidade tende a ser ambiciosa, introspectiva, intolerante com o erro, organizada de forma um tanto rígida, perfeccionista.

"Você não parece alguém que tem personalidade de enxaqueca", disse um médico para mim certa vez. "Seu cabelo está bagunçado. Mas suponho que seja uma dona de casa compulsiva." Na verdade, minha casa é mantida de forma ainda mais negligente do que meu cabelo, mas o médico tinha razão. O perfeccionismo também pode assumir aquela forma em que se passa mais de uma semana escrevendo, reescrevendo e não escrevendo um único parágrafo.

No entanto, nem todos os perfeccionistas têm enxaqueca, e nem todas as pessoas que têm enxaqueca têm personalidade de enxaqueca. Não escapamos da hereditariedade. Tentei, de muitas maneiras, escapar da minha hereditariedade no que diz respeito à enxaqueca (a certa altura, aprendi a aplicar duas injeções diárias de histamina em mim mesma, embora a agulha hipodérmica me assustasse tanto que precisava fechar os olhos quando fazia a aplicação), mas ainda a tenho. E agora aprendi a viver com ela, aprendi quando esperá-la, como despistá-la e até mesmo a enxergá-la mais como amiga do que como inquilina. Alcançamos certo entendimento, minha enxaqueca e eu. Ela nunca vem quando estou com um problema sério. Diga para mim que minha casa está pegando fogo, que meu marido me deixou, que há tiroteios nas ruas e pânico nos bancos, e não vou reagir com uma dor de cabeça. Em vez disso, ela vem quando estou em uma "guerrilha" com minha vida, em semanas de pequenas confusões domésticas, roupas perdidas, ajuda descontente, compromissos cancelados, nos dias em que o telefone toca demais, não trabalho e o vento vai aumentando. Em dias assim, minha amiga aparece sem ser convidada.

E uma vez que ela aparece, agora que a conheço bem, não luto mais. Deito-me e deixo estar. De início todo pequeno receio é intensificado, toda ansiedade é um terror esmagador. E então vem a dor, e me concentro apenas nela. Aqui está a utilidade da enxaqueca, aqui nesta ioga imposta, na concentração na dor. Porque quando a dor retrocede, dez ou doze horas depois, leva tudo com ela, todos os ressentimentos ocultos, todas as ansiedades inúteis. A enxaqueca atuou como um disjuntor, e os fusíveis emergiram intactos. Há uma agradável euforia convalescente. Abro as janelas e sinto o ar, com gratidão. Durmo bem. Percebo a natureza particular de uma flor em um copo no patamar da escada. Conto minhas bênçãos.

1968

Na estrada

"**PARA ONDE ESTAMOS INDO?**", perguntavam em todos os estúdios de rádio e televisão. Perguntavam isso em Nova York e Los Angeles, perguntavam isso em Boston e Washington, perguntavam isso em Dallas, Houston, Chicago e São Francisco. Às vezes faziam contato visual ao perguntarem. Às vezes fechavam os olhos ao perguntarem. Com muita frequência questionavam não apenas para onde estávamos indo, mas para onde estávamos indo "como norte-americanos", ou "como norte-americanos preocupados", ou "como mulheres norte-americanas" ou, em uma ocasião, "como o sujeito norte-americano e a mulher norte-americana". Nunca soube a resposta. E a resposta não importava, porque um dos aspectos estranhos e libertadores da disseminação do discurso é que nada que alguém diga vai alterar o mínimo que seja da forma ou da duração da conversa. Nossas vozes nos estúdios eram as de atores maníacos a quem foi solicitada uma improvisação de três, quatro, sete minutos. Nossos rostos nos monitores eram os de norte-americanos preocupados. A caminho de um desses estúdios em Boston, tinha visto as magnólias explodindo brancas na Marlborough Street. A caminho de outro, em Dallas, observara as luzes cor-de-rosa da estrada brilhando e saindo de foco contra o céu imenso do amanhecer. Do lado de fora de um estúdio em Houston, o calor da tarde submergia no verde primitivo e profundo do lugar e, do lado de fora do estúdio seguinte, naquela noite em Chicago, a neve caía e cintilava nas luzes junto ao lago. Do lado de fora de todos esses estúdios, os Estados Unidos se estendiam em todo o seu clima alegremente volátil, em sua excentricidade e especificidade, mas, do lado de dentro dos estúdios, abandonávamos o específico e íamos direto para o geral, porque eles eram "os entrevistadores", eu era "a autora" e a única pergunta que conseguíamos encarar juntos era: "Para onde estamos indo?"

"8h30 às 9h30: ao vivo na WFSB TV/This Morning.
"10h às 10h30: ao vivo na WINF AM/The World Today.
"10h45 às 11h45: entrevista à imprensa no Hartford Courant.
"12h às 13h30: autógrafos na Barnes and Noble.
"14h às 14h30: gravação na WDRC AM/FM.
"15h às 15h30: entrevista à imprensa no The Hill Ink.
"19h30 às 21h: gravação na WHNB TV/What About Women."

De meio-dia às 13h30, naquele primeiro dia em Hartford, conversei com um homem que recortara uma foto minha de uma revista em 1970 e tinha passado na Barnes and Noble para ver com que aparência eu estava em 1977. Das catorze às 14h30, naquele primeiro dia em Hartford, ouvi as recepcionistas na WDRC AM/FM falarem dos novos discos e observei a neve cair dos galhos de pinheiro no cemitério do outro lado da rua. O nome do cemitério era Mt. St. Benedict. Meu sogro fora enterrado ali.

"Chegou algum da Steely Dan?", a recepcionista ficava perguntando. Das 8h30 às vinte e uma horas, naquele primeiro dia em Hartford, esqueci de mencionar o nome do livro que deveria promover. Era o meu quarto livro, mas nunca havia feito o que no ramo é chamado de turnê. Não tinha certeza do que estava fazendo ou por quê. Saíra da Califórnia munida de roupas "boas", de uma caixa de cartas não respondidas, de *Seduction and Betrayal*, de Elizabeth Hardwick, de *Rumo à estação Finlândia*, de Edmund Wilson, de seis livros de Judy Blume e da minha filha de 11 anos. Os livros da Judy Blume estavam ali para distrair minha filha. E ela estava ali para me distrair. Com três dias de turnê, mandei de volta a caixa de cartas não respondidas para abrir espaço para um maço de *press releases* da Simon and Schuster me descrevendo de maneira favorável. Com quatro dias de turnê, mandei de volta *Seduction and Betrayal* e *Rumo à estação Finlândia* para abrir espaço para um secador de cabelos de mil watts. No momento em que cheguei a Boston, com dez dias de turnê, sabia que nunca tinha ouvido e provavelmente nunca mais ia ouvir os Estados Unidos cantando justo nesse tom: etéreo, veloz, um coro de anjos sob efeito de Dexamil.

Para onde estávamos indo. O cenário dessa discussão era sempre o mesmo: um oásis aconchegante de vimes e samambaias em uma selva de cabos, câmeras e copos de café de isopor que era o estúdio. Em sofás de vime, diante de toda a nação, expressava minha convicção de que estávamos indo "em direção a uma era" ou o que quer que o relógio parecesse exigir. Em espaços verdes, diante de toda a nação, escutava outras pessoas falando de para onde estávamos indo, e também das vocações, dos passatempos, dos interesses secretos delas. Discuti L-dopa e biorritmo com uma mulher cujo pai inventou os cafés da manhã de oração. Troquei dicas de maquiagem com uma antiga apresentadora do *The Mickey Mouse Club*. Parei de ler jornais e comecei a confiar nos boletins dos motoristas de limusine, dos apresentadores do *The Mickey Mouse Club*, dos telefonemas em programas que contavam com a participação do público e das telas dos circuitos internos de aeroportos que piscavam com notícias aleatórias de vários lugares ("CARTER PELO FIM DOS BARBITÚRICOS" capturou minha atenção no La Guardia) entre propagandas do *Shenandoah*. Gravitava para o aleatório. Oscilava com a falta de sequência.

Comecei a ver os Estados Unidos como meus, um mapa infantil sobre o qual minha filha e eu podíamos flutuar à vontade. Falávamos não de cidades, mas de aeroportos. Se chovesse no Logan, podíamos dar de cara com o sol no Dulles. No Dallas/Forth Worth, podíamos dar de cara com bagagens extraviadas no O'Hare. No avião, nas cabines da primeira classe em que viajávamos, éramos com frequência as únicas mulheres, e compreendi pela primeira vez aquelas ilusões peculiares de mobilidade que sustentam os negócios nos Estados Unidos. Tempo era dinheiro. Movimento era progresso. As decisões eram instantâneas e os cuidados de outras pessoas eram constantes. O serviço de quarto, por exemplo, assumia uma importância suprema. Precisávamos, minha filha de 11 anos e eu, de forma errática, mas naquele instante, de *consommé*, aveia, salada de caranguejo e *vinaigrette* de aspargos. Precisávamos de água Perrier e chá para quando estávamos trabalhando, e de bourbon com gelo e Shirley Temples quando não estávamos. Uma espécie de pânico irritadiço tomava conta da gente quando o serviço de quarto era encerrado, e também quando ninguém atendia no setor de limpeza. Em resumo, tínhamos sido tragadas por aquela energia hormonal peculiar da viagem de negócios, e eu havia começado a entender a familiaridade que vários homens e algumas mulheres tinham com aviões, telefones e agendas. Começara a ver minha agenda — um maço de folhas grossas cor de creme com as palavras "Simon & Schuster/uma divisão da Gulf and Western Corporation" impressas — com uma reverência quase mística. Queríamos serviço de quarto 24 horas. Queríamos telefones que fizessem ligações diretas. Queríamos ficar na estrada para sempre.

Víamos o ar como nosso elemento. Em Houston o ar era cálido e rico, e rescendia a combustível fóssil. Nós duas fingíamos ser donas de uma casa em River Oaks. Em Chicago, o ar era brilhante e rarefeito. Fingíamos ser donas do 27º andar do Ritz. Em Nova York, o ar era carregado, crepitante, saturado de opiniões, e fingíamos ter algumas. Todo mundo em Nova York tinha opiniões. Opiniões eram exigidas em troca. A falta de opinião era interpretada como uma opinião. Até minha filha estava desenvolvendo opiniões. "Tive uma conversa interessante com Carl Bernstein", ela anotou no diário que tinha sido instruída a manter pela professora do quinto ano em Malibu, Califórnia. Muitas dessas opiniões de Nova York pareciam destinadas a ser revisões revigorantes, correções arrojadas de opiniões em voga na semana anterior, mas, uma vez que eu havia acabado de cair do céu, era difícil para mim distinguir as opiniões que eram "arrojadas" e "revisionistas" daquelas que eram apenas "gastas" e "rotineiras". No momento em que deixei Nova York, muita gente estava expressando uma crença arrojada na "alegria" — alegria com os filhos, com o casamento, com o cotidiano —, mas a alegria estava escoando rápido para as personalidades da indústria do entretenimento. Mike Nichols, por exemplo, expressava sua alegria nas páginas da *Newsweek*, e também cansaço com a "frieza lapidar". A frieza lapidar era definitivamente rotineira.

Estávamos repensando os anos 1960 naquela semana, ou Morris Dickstein estava.

Estávamos lançando outro olhar para a década de 1950 naquela semana, ou Hilton Kramer estava.

Eu concordava fervorosamente. Eu discordava fervorosamente. Ligava para o serviço de quarto de um telefone e, em outro, ouvia com atenção pessoas que pareciam convencidas de que a "textura" da vida delas tinha sido afetada de forma agradável ou desagradável pela conversão à política da alegria, pela regressão à frieza lapidar, pelos anos

1960, pelos anos 1950, pela mudança recente nos governos e pela venda da versão em brochura de *Pássaros feridos* por 1,9 milhão.

Perdia o rastro da informação.

Estava subjugada pela opinião.

Comecei a ver opiniões formando arcos no ar, padrões voadores que se cruzavam. A nave espacial da Eastern Air Lines teve permissão para pousar, a frieza lapidar também. John Leonard e a alegria eram vetores convergentes. Comecei a ver o próprio país como uma projeção no ar, uma espécie de holograma, uma rede invisível de imagem, opinião e impulso eletrônico. Havia opiniões no ar. Havia aviões no ar. Havia até mesmo pessoas no ar: certa tarde, em Nova York, meu marido viu um homem pular de uma janela e cair na calçada do lado de fora do Yale Club. Mencionei isso para um fotógrafo do *Daily News* que estava tirando uma foto minha.

"Você tem que pegar o suicida no ato para sair no jornal", ele me informou. Contou ainda que já pegara dois no ato, mas só o primeiro saíra no jornal. O segundo rendeu uma foto melhor, mas coincidiu com o desastre com o DC-10 em Orly. "Estão por toda a cidade", disse o fotógrafo. "Suicidas. Vários deles nem são suicidas. São lavadores de janelas que caem."

"O que isso diz a nosso respeito enquanto nação?", me perguntaram no dia seguinte quando mencionei os suicidas e os lavadores de janelas no ar. "Para onde vamos?" No 27º andar do Ritz, em Chicago, minha filha e eu nos sentamos paralisadas à mesa de café da manhã até os lavadores de janelas deslizarem em segurança para fora de nosso campo de visão. Em uma estação que contava com a participação dos ouvintes em Los Angeles, o guarda me informou que haveria um atraso porque tinham um suicida na linha.

"Por mim, ele que morra", disse o mesmo guarda. Imaginei um céu lotado de suicidas, pessoas em queda e DC-10. Segurei a mão da minha filha na decolagem e no pouso, e fiquei observando antenas no carro a caminho da cidade. As antenas enormes com luzes vermelhas pulsantes tinham sido nossos pontos de referência por um mês. As antenas enormes com luzes vermelhas pulsantes tinham sido nosso destino durante um mês. "Pela I-10 até a antena" era o tipo de instruções que passáramos a entender, porque estávamos na estrada, estávamos no mapa e no ar, nos dois sentidos da expressão. *Para onde estávamos indo.* "Não sei para onde vocês estão indo", falei no estúdio acoplado à última dessas antenas, os olhos fixos em mais um dos letreiros de néon do FLEETWOOD MAC que cintilavam naquela primavera em estações de rádio de uma costa à outra, "mas eu estou indo para casa".

1977

No shopping

ELES ASSOMAM NA PAISAGEM como pirâmides nos anos de crescimento econômico, todos aqueles Plazas, Shoppings e Esplanadas. Todos aqueles Squares e Fairs. Todos aqueles Towns e Dales, todos aqueles Villages, todos aqueles Forests, Parks e Lands. Stonestown. Hillsdale. Valley Fair, Mayfair, Northgate, Southgate, Eastgate, Westgate. Gulfgate. São cidades-jardim de brinquedo onde ninguém vive, mas todo mundo consome, equalizadores eficientes, a fusão perfeita do lucro e do ideal igualitário. Ouvir os nomes deles é se lembrar de palavras e frases que não são mais utilizadas. *Baby Boom.* Explosão de consumidores. Revolução do lazer. Faça-você-mesmo. Revolução doméstica. Subúrbio. "Os shopping centers", o Urban Land Institute podia declarar em 1957, "são a extraordinária evolução dos negócios de varejo de hoje [...] O automóvel é responsável pelos subúrbios, e os subúrbios, pelo shopping center".

Foi uma época peculiar e visionária, aqueles anos depois da Segunda Guerra Mundial para os quais todos os Shoppings, Towns e Dales se apresentavam como monumentos climatizados. Mesmo a palavra automóvel, como em "o automóvel é responsável pelos subúrbios, e os subúrbios, pelo shopping center", não carregava mais o peso específico de antes. Como uma criança no final dos anos 1940 na Califórnia, lembro-me de ler e acreditar que a "liberdade de movimento" oferecida pelo automóvel era a "quinta liberdade dos Estados Unidos". A tendência era de alta. A solução estava à vista. A fronteira tinha sido reinventada, e o formato dela era a subdivisão, as terras novas e livres nas quais todos os colonos poderiam reorganizar as vidas *tabula rasa*. Ali, por um breve momento, o Sonho Americano parecia prestes a se realizar graças à agência federal voltada para a habitação, à aquisição dos aparelhos eletrodomésticos mais importantes e a um certo glamour enigmático ligado aos arquitetos dessa terra recém-descoberta. Eles fizeram algo do nada. Jogaram e às vezes perderam. Apostaram o passado para desfrutar do futuro. Hoje tenho dificuldade de imaginar uma infância em que um homem chamado Jere Strizek, o construtor do shopping Town and Country Village nos arredores de Sacramento (mais de 13 mil metros quadrados de área construída, 68 lojas, mil vagas de estacionamento, o "modelo para centros comerciais que utilizam madeira pesada e azulejos para informalidade" do Urban Land Institute), pudesse se materializar como um exemplo, mas tive uma infância assim, pouco depois da Segunda Guerra Mundial em Sacramento. Nunca conheci ou mesmo vi Jere Strizek, mas, aos 12 anos, eu o imaginava como uma espécie de pioneiro, um espírito romântico e revolucionário, e, na esfera local, ele era.

Acho que James B. Douglas e David D. Bohannon também eram.

Não ouvi falar dos dois quando tinha 12 anos, mas uma dúzia de anos mais tarde, quando estava morando em Nova York, trabalhando para a *Vogue* e fazendo, por correspondência, um curso de extensão na Universidade da Califórnia em teoria de shopping centers. Isso não me parecia excêntrico na época. Lembro-me de ficar sentada no chão frio do estúdio do fotógrafo Irving Penn e ler conselhos de James B. Douglas sobre financiamento de shopping centers no *Manual dos construtores comunitários*. Lembro-me de ficar até tarde no meu escritório azul-claro no vigésimo andar do edifício Graybar para memorizar os índices de estacionamento de David D. Bohannon. Minha vida "real" era sentar nesse escritório e descrever a vida como era vivida em Jacarta, Caneel Bay e nos grandes castelos do vale do Loire, mas minha vida dos sonhos era montar um shopping center regional de primeira classe com três lojas de departamentos completas como principais locatários.

Não me ocorreu que eu talvez fosse a única pessoa que conhecia em Nova York, quanto mais nos andares da Condé Nast no edifício Graybar, que decorou as diferenças entre shopping centers "A", "B" e "C" (a explicação da diferença, enquanto tenho sua atenção, é que um shopping "A", ou "regional", tem como maior locatário uma loja de departamentos completa e que vende os principais utensílios; um shopping "B", ou "comunitário", tem como maior locatário uma loja de departamentos relativamente jovem e que não vende os principais utensílios; e um shopping "C", ou "centro de bairro", tem como seu maior locatário apenas um supermercado). Meu interesse em shopping centers não era de forma alguma casual. Eu queria construí-los. Queria porque havia me rendido ao hábito de escrever ficção, e tinha posto na cabeça que dois bons shoppings poderiam financiar esse hábito de forma menos extenuante que um escritório azul-claro na *Vogue*. Tinha até mesmo concebido um plano original com o qual planejava adquirir capital e credibilidade suficientes para entrar no jogo dos shoppings centers: ia alugar armazéns no Queens e oferecer às delicatessens de Manhattan a oportunidade de vender de forma competitiva ao comprar de forma cooperativa no meu negócio. Percebo algumas falhas no plano agora ("um belo lugar para desovar corpos" me vem à mente), mas, na época, eu não percebia. Planejava, na verdade, gerenciar tudo a partir do escritório azul-claro.

James B. Douglas e David D. Bohannon. Em 1950, James B. Douglas inaugurou o Northgate, em Seattle, o primeiro shopping regional que combinava um calçadão para transeuntes com um túnel subterrâneo para caminhões. Em 1954, David D. Bohannon inaugurou o Hillsdale, um shopping regional de quarenta acres na península ao sul de São Francisco. Essa é a única biografia sólida que tenho de James B. Douglas e David D. Bohannon até hoje, mas muitas das opiniões deles estão gravadas em minha mente. David acreditava em preservar a integridade do shopping center ao não segmentar o local com estradas exclusivas.

Ele acreditava que os recuos arquitetônicos em um shopping pareciam "bonitos no papel", mas "causavam uma reação negativa no cliente". James, por sua vez, alertou que um escritório de pequenos empréstimos só poderia prosperar em um shopping se fosse colocado longe de onde havia gente passando, já que as pessoas que precisam de pequenos empréstimos não querem ser vistas pedindo um. Não me recordo se foi James B. Douglas ou David D. Bohannon (ou alguém totalmente diferente) que passou adiante esta dica de como pintar as linhas em torno das vagas de estacionamento (na verdade isso é chamado de "sinalização de tráfego", e os espaços são "baias"): faça cada espaço trinta centímetros mais largo do que o necessário — três metros, digamos, em vez de 2,7 metros — quando o shopping é inaugurado e os negócios estão fracos. Com esse truque simples, o construtor atinge dois objetivos importantes: a aparência de um shopping popular e a ilusão do estacionamento fácil, e ninguém vai notar quando os negócios aumentarem e os espaços encolherem.

Nem lembro quem solucionou o que já foi um dilema crucial dos shoppings: a posição do locatário principal em relação ao estacionamento. O dilema era que o locatário principal — o chamariz, a *raison d'être* do financiamento, a Sears, a Macy's, a May Company — queria que o cliente caminhasse direto do estacionamento para a loja. Os locatários menores, por outro lado, queriam que o mesmo cliente *também passasse pelas lojas deles*. A solução para esse conflito de interesses era, na verdade, muito simples: *dois locatários importantes*, um em cada lado de um shopping. Isso é chamado de "ancorar o shopping", e representa um trabalho seminal na teoria do shopping center. Uma coisa que você vai notar sobre a teoria do shopping center é que você mesmo poderia ter pensando nisso, e uma formação nessa área vai contribuir um bocado para dissipar a noção de que os negócios se materializam por mistérios muito complexos para você e para mim.

Alguns aspectos da teoria do shopping center permanecem de fato incompreensíveis para mim. Não consigo imaginar por que o Conselho dos Construtores Comunitários classifica "restaurantes" como merecedores do local número um (ou "ponto de destaque"), mas bane o "restaurante chinês" para o número três, lá fora com o "escritório de energia & luz" e a "sala de leitura da ciência cristã". Tampouco sei por que o mesmo conselho aprova alegrar um shopping com "pequenos animais", mas exclui, específica e veementemente, e sem nenhuma explicação adicional, "macacos". Se tivesse um shopping, eu teria macacos, restaurantes chineses, pipas e bandas de garotinhas tocando pandeiro.

Alguns anos atrás, em uma festa, conheci uma mulher de Detroit que me disse que o romance de Joyce Carol Oates com que ela mais se identificou era *Wonderland*.
 Perguntei por quê.
 "Porque meu marido tem uma filial lá."
 Não entendi.

"Em Wonderland, o shopping", respondeu ela, paciente. "Meu marido tem uma filial em Wonderland."

Nunca visitei Wonderland, mas imagino que tenha bandas de garotinhas tocando pandeiro.

Alguns fatos sobre shoppings centers.

O Woodfield, nos arredores de Chicago, é considerado o "maior" shopping dos Estados Unidos, um shopping regional "macro" ou "leviatã" com quase 200 mil metros quadrados e quatro locatários principais.

O Country Club Plaza, em Kansas City, é considerado o "primeiro" shopping center dos Estados Unidos, construído nos anos 1920. Houve outros shoppings no passado, sobretudo o Roland Park, de Edward H. Bouton, em Baltimore em 1907; o Highland Park Shopping Village, de Hugh Prather, em Dallas em 1931; e o River Oaks, de Hugh Potter, em Houston em 1937. Porém, o construtor do Country Club Plaza, o saudoso J.C. Nichols, é mencionado com muita frequência como o "pioneiro J.C. Nichols", o "precursor J.C. Nichols", ou "J.C. Nichols, pai do shopping center tal como o conhecemos".

Esses são alguns fatos de que tenho conhecimento sobre shoppings centers porque ainda quero ser Jere Strizek, James B. Douglas ou David D. Bohannon. Aqui estão alguns fatos de que tenho conhecimento sobre shopping centers, porque nunca vou ser Jere Strizek, James B. Douglas ou David D. Bohannon: um bom shopping para passar o dia, se você acordar deprimida em Honolulu, Havaí, é o Ala

Morna (sendo Liberty House e Sears os principais locatários). Um bom shopping para passar o dia, se você acordar deprimida em Oxnard, Califórnia, é o Esplanade (sendo May Company e Sears os principais locatários). Um bom shopping para passar o dia, se você acordar deprimida em Biloxi, Mississippi, é o Edgewater Plaza (sendo Godchaux's o principal locatário). O Ala Moana, em Honolulu, é maior que o Esplanade, em Oxnard. O Esplanade, em Oxnard, é maior que o Edgewater Plaza, em Biloxi. O Ala Moana tem laguinhos com carpas. O Esplanada e o Edgewater Plaza, não.

À parte essas distinções insignificantes, o Ala Moana, o Esplanade, e o Edgewater Plaza são o mesmo lugar, que é precisamente o papel deles não só como equalizadores, mas também na eliminação da ansiedade. Em cada um deles a pessoa se move por um tempo em uma suspensão aquosa não só de luz, mas de julgamento, não só de julgamento, mas de "personalidade". Ninguém encontra um conhecido no Esplanade. Ninguém recebe telefonemas no Edgewater Plaza.

"É um lugar difícil de dar uma passada rápida para comprar meia-calça", uma amiga se queixou recentemente se referindo ao Ala Moana, e eu sabia que ela ainda não estava pronta para entregar o ego à ideia do shopping. Da última vez que fui ao Ala Moana foi para comprar o *The New York Times*. Como não tinha o *The New York Times*, me sentei no shopping por algum tempo e comi pipoca caramelizada. No fim das contas, não comprei o *The New York Times*, mas comprei dois chapéus de palha na Liberty House, quatro frascos de esmalte na Woolworths e uma torradeira em promoção na Sears. Na literatura dos shoppings centers, isso seria descrito como compras por impulso, mas o impulso aqui era obscuro. Não uso chapéus e nem gosto de pipoca caramelizada. Não uso esmalte nas unhas. Mesmo assim, no voo de volta através do Pacífico, só me arrependi da torradeira.

1975

Em Bogotá

NA COSTA COLOMBIANA, onze graus acima do equador, estava quente, febril, com ventos vespertinos que não ajudavam, soprando quentes e poeirentos. O céu estava nublado, o cassino às moscas. Nunca tive a intenção de deixar a costa, mas, depois de uma semana daquilo, comecei a pensar em Bogotá, flutuando nos Andres a uma hora de distância de avião. Em Bogotá estaria fresco. Em Bogotá dava para conseguir o *The New York Times* com apenas dois dias de atraso, e o *Miami Herald* com apenas um e também esmeraldas e água em garrafas. Em Bogotá haveria rosas recém-colhidas nos banhciros do hotel Tequendama, água quente 24 horas por dia, sanduíches de frango do serviço de quarto e xerox *rápido* e operadores de longa distância que podiam se conectar com Los Angeles em dez minutos. No meu quarto em Cartagena, eu ia acordar para a manhã litorânea descolorida e me pegar repetindo certas palavras e frases com voz abafada: *Bogotá*, *Bacatá*. El Dorado. Esmeraldas. Água quente. *Consommé* de Madeira em salas de jantar frescas. *Santa Fé de Bogotá del Nuevo Reino de Granada de las Indias del mar Océano*. O voo da Avianca para Bogotá saía de Cartagena toda manhã às 10h40, mas a lentidão da costa era tamanha que levei ainda outros quatro dias para pegá-lo.

Talvez este seja o único jeito verdadeiro de ver Bogotá, ter a cidade flutuando na mente até a urgência por ela ser visceral, pois toda a história do lugar parece uma miragem, um delírio na savana elevada, o ouro e a esmeralda inatingíveis, inacessíveis, o isolamento tão esplêndido e impensável que a mera existência de uma cidade surpreende. Ali, na própria espinha dos Andes, jardineiros revestiam com rosas os muros das embaixadas. Garotinhas em impecáveis blazers escolares azul-marinho faziam fila para entrar na tenda desbotada de um circo itinerante mambembe: o elefante, o homem forte, o homem tatuado de Maracaibo. Cheguei a Bogotá em um dia de 1973 em que as ruas pareciam banhadas pela névoa, pela luz delicada e brilhante e pela voz conhecida e amplificada de Nelson Ned, um anão brasileiro cujos álbuns tocavam em todas as lojas de discos. Do lado de fora da igreja do século XVI de São Francisco, onde o vice-rei espanhol tomou posse quando o país era Nueva Granada — e onde Simón Bolívar assumiu a presidência da república condenada chamada Gran Colombia —, crianças pequenas e mulheres velhas vendiam charutos cubanos, maços de cigarros norte-americanos e jornais com a manchete "Jackie y Ari". Acendi uma vela pela minha filha e comprei um jornal para ler sobre Jackie e Ari, e como a princesa *de los norteamericanos* dominou o rei do mar grego exigindo champanhe *rosé* toda noite e *medialunas* toda manhã, uma história que uma criança poderia inventar. Mais tarde, no Museu do Ouro do Banco de la República, observei o ouro que os espanhóis rasgaram a América para obter, a visão de El Dorado que ia inspirar um século e que, acredita-se, começou aqui nos arredores de Bogotá, no lago Guatavita.

"Várias oferendas em ouro foram lançadas no lago", escreveu a antropóloga Olivia Vlahos a respeito das noites em que os índios muíscas acendiam fogueiras nos Andes e confirmavam os líderes de Guatavita.

> *Muitos outros eram amontoados em uma jangada [...] Então, à luz do fogo, entrava o aspirante a líder. A nudez dele coberta com resina pegajosa. Na resina, os sacerdotes administravam ouro em pó até ele brilhar como uma estátua dourada. Ele entrava na jangada, que era desatada para flutuar no meio do lago. De repente, ele mergulhava na água negra. Quando emergia, o ouro tinha sumido, lavado do corpo. E ele era rei.*

Até os espanhóis ouvirem a história e descobrirem El Dorado por conta própria.

"Uma coisa você precisa entender", disse um jovem colombiano para mim no jantar naquela noite. Estávamos no Eduardo's, no distrito de Chico, e o pianista estava tocando "Love Is Blue" e estávamos bebendo uma garrafa sem graça de Château Léoville-Poyferré que custava vinte dólares norte-americanos. "A Espanha enviou toda a nata da aristocracia para a América do Sul."

De fato, eu tinha ouvido variações dessa alucinação antes, na costa: quando os colombianos falavam do passado, com frequência eu tinha a impressão de estar em um lugar onde a história tendia a afundar, como se por acaso, na solidão sem rastros da geração espontânea. A princesa estava bebendo champanhe *rosé*. Lá em cima, nas montanhas, os homens eram feitos de ouro. A Espanha enviou a nata da aristocracia para a América do Sul. Eram todas histórias que uma criança poderia inventar.

"Muitos anos depois, diante do pelotão de fuzilamento, o coronel Aureliano Buendía se lembraria daquela tarde distante em que o pai o levou para conhecer o gelo."
— Frase de abertura de *Cem anos de solidão*, do romancista colombiano Gabriel García Márquez.

Nos grandes cinemas de Bogotá, na primavera de 1973, estavam em exibição *Os profissionais* e *Deu a louca no mundo*, dois filmes norte-americanos que estrearam, respectivamente, em 1967 e 1964. As prateleiras de brochuras em inglês estavam repletas de *The Cold War and the Income Tax*, de Edmund Wilson, a edição da Signet de 1964. Esse deslocamento sutil, mas nítido, do tempo fixava na mente o isolamento fantástico do lugar, assim como os deslocamentos de outros tipos. No quarto andar do novo e cintilante Hilton de Bogotá era possível almoçar em uma galeria cheia de orquídeas com vista para a piscina coberta, e também com vista para uma favela com barracos de papelão e lata onde um garotinho, o corpo com cicatrizes horríveis e o rosto coberto por uma máscara de tricô, brincava apático com um ioiô. No saguão do hotel Tequendama, duas aeromoças da Braniff com terninhos azul-turquesa da Pucci flertavam sem entusiasmo com um alemão, aguardando a limusine para o aeroporto; uma terceira ignorava o alemão e se postava diante de um mapa em relevo em que botões podiam ser apertados para iluminar as maiores cidades da Colômbia. Santa Marta, na costa; Barranquilla, Cartagena. Medellín, na cordilheira Central. Cali, no rio Cauca, San Agustín, no Magdalena. Leticia, no Amazonas.

Eu a observei apertando os botões, hipnotizada pela vastidão escura que cada lâmpada iluminava. A luz de Bogotá piscava duas vezes e apagava. A garota no terninho da Pucci traçou os Andes com o polegar. *Alto arrecife de la aurora humana*, foi assim que o poeta chileno Pablo Neruda chamou os Andes. Alcançar Bogotá a partir da costa custou ao *conquistador* Gonzalo Jiménez de Quesada dois anos e a saúde da maior parte de seus homens. Para mim custou 26 dólares.

"Sabia que eram suas malas", disse o homem no aeroporto, retirando-as triunfante de um amontoado de bagagens e caixas e detritos que pareciam uma condição crônica por toda Bogotá. "Cheiram a norte-americanas." *Parece una turista norteamericana*, li a meu respeito no *El Espectador* algumas manhãs depois. Para ser sincera, estava consciente de ser uma norte-americana na Colômbia de um jeito que não tinha estado em outros lugares. Continuava esbarrando em norte-americanos, compatriotas para quem o centro emocional de Bogotá era a enorme embaixada de concreto na Carrera 10, membros de uma colônia fantasma chamada "a presença norte-americana", que a polidez impedia de nomear em voz alta. Várias vezes encontrei um jovem americano que comandava um escritório de "informação" que me convidou a visitar. Ele tinha modos extremamente formais, aparecia para a noite mais indefinida trajando black tie e era, de acordo com o colombiano para quem perguntei, da CIA. Lembro-me de conversar em uma festa com um homem do Serviço de Informação dos Estados Unidos que falava em uma voz baixa e melíflua das febres de que havia tomado conhecimento, febres em Sierra Leone e em Monrovia, febres na costa colombiana. Nosso anfitrião interrompeu essa litania, quis saber por que o embaixador não tinha vindo à festa.

"Uma situaçãozinha em Cali", respondeu o homem do Serviço de Informação, sorrindo de forma profissional. Ele parecia muito atento para que nenhuma quebra dos modos norte-americanos fosse detectada, e, de forma absurda, eu também. Não tínhamos nada em comum exceto as águias no passaporte, mas aquelas águias nos tornavam, de uma forma que eu não entendia completamente, conspiradores, dois estranhos sobrecarregados com a responsabilidade de zelar para que a águia não se ofendesse. Preferiríamos a Roman-Cola local à Coca-Cola de que os colombianos gostavam. Íamos ver a Standard Oil como a Esso colombiana. Não falaríamos de febre exceto uns com os outros. Mais tarde, conheci um ator norte-americano que tinha passado duas semanas tomando banhos frios em Bogotá antes de descobrir que as torneiras quente e fria do quarto que deram a ele estavam invertidas: ele nunca perguntou, pois não queria ser considerado um *gringo* arrogante.

Havia lido no *El Tiempo* naquela manhã que o general Gustavo Rojas Pinilla, que assumiu o controle da Colômbia em um golpe militar em 1953 e fechou a imprensa antes de ser deposto em 1957, estava lançando uma nova candidatura em uma plataforma peronista. Eu tinha pensado que talvez as pessoas na festa estivessem falando daquilo, mas não estavam. Por que a indústria de cinema norte-americana não fizera filmes sobre a Guerra do Vietnã, era disso que o colombiano, *freelancer* do jornal caribenho, queria falar. Os jovens cineastas colombianos olharam para ele incrédulos.

"Por que fariam isso?", perguntou alguém, dando de ombros. "Eles cobriram aquela guerra na televisão."

Os cineastas haviam vivido em Nova York, falaram de Rip Torn, Norman Mailer, Ricky Leacock, Super 8. Um tinha ido à festa com uma cartola alta de abas largas; outro com um xale de macramé violeta que ia até os joelhos. A garota que estava com eles, uma beldade famosa da costa, usava uma roupa de paetês rosa-flamingo que deixava a barriga de fora, e o cabelo ruivo pálido estava afofado em torno da cabeça em um halo elétrico. Ela assistiu aos dançarinos de *cumbia*, acariciou uma jaguatirica filhote e permaneceu impassível tanto diante da possibilidade de o general Gustavo Rojas Pinilla voltar quanto diante da questão de por que a indústria de cinema norte-americana não fizera filmes sobre a Guerra do Vietnã. Mais tarde, do lado de fora do portão, os cineastas acenderam cigarros fininhos de maconha à vista da *polícia* uniformizada e perguntaram se eu sabia o endereço de Paul Morrissey e de Andy Warhol em Roma. A garota da costa embalou a jaguatirica contra o vento.

Do tempo que passei em Bogotá, me lembro sobretudo de imagens indeléveis, mas difíceis de conectar. Lembro-me das paredes brancas do segundo andar do Museu Nacional, repletas de retratos de presidentes da Colômbia, um enorme número de presidentes. Lembro-me das esmeraldas nas vitrines das lojas, expostas de forma casual em bandejas, todas estranhamente pálidas no centro, algo aquosas, geladas bem no coração no qual se esperaria fogo. Perguntei o preço de uma.

"Vinte mil norte-americanos", respondeu a vendedora. Ela estava lendo um livreto chamado *Horóscopo: Sagitario*, e não olhou para cima. Lembro-me de cruzar a Plaza Bolívar a pé, o grande largo de onde emana todo o poder colombiano, no meio da tarde, quando homens de ternos escuros de corte europeu ficam parados conversando no degraus do Capitólio e as montanhas flutuam ao redor, a perspectiva tornada fluida pelo sol e pela sombra; lembro-me do jeito como as montanhas apequenavam uma roda-gigante deserta no Parque Nacional no fim da tarde.

De fato, as montanhas assomam por trás de cada imagem que recordo, e talvez sejam elas mesmas a conexão. Em certas tardes, eu dirigia ao longo das encostas escarpadas em direção ao distrito de El Chico, na Carrera 7 onde os terrenos dos casarões eram imaculadamente demarcados e os portões tinham placas de latão com os nomes de embaixadas europeias, fundações norte-americanas e neurologistas argentinos. Lembro-me de parar certo dia em El Chico para dar um telefonema de um pequeno shopping perto da Carrera 7, o shopping contíguo a uma igreja onde uma missa fúnebre acabara de ocorrer. Os enlutados estavam deixando a igreja, conversando na rua, quase todas as mulheres de terninhos pretos, óculos em tons de violeta, vestidos de seda pregueados e casacos Givenchy que não tinham sido comprados em Bogotá. Em El Chico, Bogotá não parecia tão longe de Paris ou Nova York, mas restavam as montanhas, e além delas aquele mundo denso descrito por Gabriel García Márquez como tão recente que muitas coisas careciam de nomes.

    E até mesmo um pouquinho mais adiante, ali onde a Carrera 7 virava a Carretera Central del Norte, a estrada esburacada que se metia pelas montanhas até Tunja e eventualmente Caracas, até mesmo ali havia em vários sentidos uma fronteira permanente, vertiginosa em seus extremos. Ônibus bamboleantes se lançavam para o meio da estrada, desviando aqui e ali para apanhar um trabalhador, evitar uma cratera ou um bando de crianças. Longe da estrada se estendiam as enormes *haciendas*, as casas principais imensas mal visíveis nas dobras das colinas, os muros de pedras com salpicos ocasionais de tinta vermelha, representações toscas da foice e do martelo e admoestações para votar *comunista*. Certo dia, uma nuvem rebentou. Já que meu carro alugado com mais de 170 mil quilômetros não tinha limpadores de para-brisa, encostei na beira da estrada. Chuva escorria sobre os adesivos WESTWOOD WARRIORS — MESA, ARIZONA e AVANTE, TIDE nas janelas dos carros. Córregos se formavam na estrada. Nas pedreiras altas de cascalho, os homens continuavam a trabalhar, esburacando os Andes com pás por doze pesos e meio o monte.

> *Por outra das nossas cidades sem centro, tão hedionda*
> *quanto Los Angeles, e com a mesma quantidade de carros*
> *por cabeça, e depois do letreiro de néon de seis metros*
> *da* Coppertone *em uma igreja, e depois da população*
> *ganhando setecentos dólares per capita*
> *na chapa rústica do arranha-céu, e à Casa Branca*
> *do El presidente Leoni, seus homenzinhos com 18*
> *polegadas de armas de repetição, disparando 45 balas*
>   *por minuto,*
> *os dois guardas armados petrificados do nosso lado en-*
>   *quanto bebemos champanhe,*
> *e alguém provocando o presidente: "Onde estão as ga-*
>   *rotas?"*
> *E o líder cercado, um sujeito e tanto, dizendo:*
> *"Não sei onde estão as suas, mas sei onde achar a minha."*
> *Essa casa, essa democracia pioneira, erguida*
> *sobre alicerces não de pedra, mas de sangue tão duro*
>   *quanto pedra.*
>   — Robert Lowell, "Caracas"

Há mais uma imagem da qual me recordo, e ela chega em duas partes. Primeiro havia uma mina de sal, escavada em uma montanha em Zipaquirá, cinquenta quilômetros ao norte de Bogotá. Essa única mina produz, todo ano, sal suficiente para toda a América do Sul, e tem feito isso desde antes de os europeus saberem que o continente existia: sal, não ouro, era a base econômica do império muísca, e Zipaquirá uma de suas capitais. A mina é enorme, o ar, opressivo. Aconteceu de eu estar dentro da mina porque dentro dela há, entalhada na montanha, mais de 130 metros abaixo da superfície, uma catedral onde 10 mil pessoas podem acompanhar a missa ao mesmo tempo. Catorze pilastras de pedra gigantescas sustentam a abóbada. Lâmpadas fluorescentes embutidas iluminam a Via Crúcis, o ar denso absorvendo e obscurecendo a luz de forma vacilante. Pode-se imaginar sacrifícios muíscas aqui, os padres *conquistadores* lutando para abafar com a missa os gritos das crianças abatidas.

Mas seria equivocado. A construção dessa escavação enigmática na montanha de sal foi realizada não pelos muíscas, mas pelo Banco de la República em 1954. Naquele ano, o general Gustavo Rojas Pinilla e seus coronéis estavam no controle da Colômbia, e o país estava convulsionado por *La violencia*, os quinze anos de anarquia que se seguiram ao assassinato de Jorge Gaitán em Bogotá, em 1948. Em 1954, as pessoas estavam fugindo da zona rural aterrorizada para ocupar barracos na relativa segurança de Bogotá. A Colômbia ainda tinha poucos projetos de obras públicas e nenhum transporte para discutir, já que Bogotá só seria ligada ao Caribe por trilhos em 1961. Enquanto estava parada na montanha mal iluminada, lendo a placa dedicatória do Banco de la República, 1954 me pareceu um ano extraordinário para se ter a ideia de construir uma catedral de sal, mas os colombianos para quem mencionei isso só deram de ombros.

A segunda parte da imagem. Tinha emergido da mina e estava almoçando ao lado da montanha de sal, na sala de jantar fria da Hostería del Libertador. Havia cortinas pesadas que desprendiam um leve almiscarado quando tocadas. Havia toalhas de mesa de brocado branco, cerzidas com cuidado. Para cada talo de aspargo escaldado servido ia aparecer outra série de talheres de prata, travessas e molheiras com *vinaigrette*, e também outra série de "garçons": garotinhos com 12 ou 13 anos usando fraques e luvas brancas, instruídos a servir como se essa pequena pousada em um precipício andino fosse Viena sob os Habsburgo.

Fiquei um bom tempo ali sentada. À nossa volta, o vento varria as nuvens para longe dos Andes e através da savana. A mais de 130 metros abaixo de nós, havia uma catedral feita de sal. *Essa casa, esta democracia pioneira, erguida sobre alicerces não de pedra, mas de sangue tão duro quanto pedra.* Um desses garotinhos de luvas brancas pegou uma garrafa de vinho vazia de uma mesa, encaixou-a perfeitamente em um suporte para vinho e marchou na direção da cozinha, segurando-a rígida diante dele, olhando de esguelha para o *maître d'hôtel* em busca de aprovação. Mais tarde, me pareceu que eu nunca antes havia visto, e talvez nunca mais fosse ver, costumes europeus respeitados de forma tão comovente e sem sentido.

1974

Na represa

DESDE A TARDE DE 1967 em que pus os olhos na represa Hoover pela primeira vez, a imagem dela nunca esteve de todo ausente da minha visão interior. Vou conversar com alguém em Los Angeles ou Nova York e, de repente, a represa se materializa, a imaculada superfície côncava reluzindo branca contra os ocres, cinzas e malvas brutos daquele desfiladeiro rochoso a centenas ou milhares de quilômetros de onde estou. Vou dirigir no Sunset Boulevard, ou entrar em uma rodovia, e, de repente, aquelas torres de transmissão vão aparecer na minha frente, vertiginosamente inclinadas sobre a água. Às vezes me deparo com os influxos, com a sombra do cabo pesado que atravessa o desfiladeiro ou com os escoamentos sinistros para vertedouros inativos, negros na claridade lunar da luz do deserto. Ouço as turbinas com muita regularidade. Com frequência imagino o que está acontecendo na represa nessa intersecção específica do tempo e do espaço, quanta água está sendo liberada para atender pedidos rio abaixo, quais luzes estão piscando, quais geradores estão operando na capacidade máxima e quais estão apenas girando livres.

Costumava me perguntar o que havia na represa que me fazia pensar nela em momentos e lugares onde antes pensava em Mindanao Trench, nas estrelas rodopiando em suas trajetórias ou nas palavras "Como era no princípio agora e sempre, amém". Represas, no fim das contas, são comuns: todos nós já vimos uma. Essa represa em particular tinha existido como uma ideia na cabeça do mundo quarenta anos antes de eu tê-la visto. A represa Hoover, obra-prima do projeto de Boulder Canyon, os muitos milhões de toneladas de concreto que tornaram o sudoeste plausível, o *fait accompli* que foi a comunicação, na época inocente da construção, da noção de que a maior promessa da humanidade residia na engenharia norte-americana.

É claro que a represa extrai parte do efeito emocional justamente desse aspecto, dessa percepção de ser um monumento a uma fé fora de lugar. "ELES MORRERAM PARA FAZER O DESERTO FLORESCER" lê-se em uma placa dedicada aos 96 homens que morreram construindo essa que é a primeira das grandes represas. A frase desgastada comove, sugere toda a confiança no aproveitamento dos recursos, no poder de aprimoramento do dínamo, tão central no começo dos anos 1930. Boulder City, erguida em 1931 para os trabalhadores que construíam a represa, conserva a atmosfera de uma cidade modelo, de um município novo, uma estrutura de brinquedo triangular com gramados verdes e bangalôs bem cuidados se espalhando desde o prédio do Bureau of Reclamation. As esculturas de bronze na represa evocam cidadãos musculosos de um amanhã que nunca veio, feixes de trigo apontando para o céu, raios combatidos.

Vitórias de Samotrácia protegem o mastro. A bandeira tremula com o vento do desfiladeiro. Uma lata vazia de Pepsi ressoa por todo o mosaico. O lugar é perfeitamente congelado no tempo.

No entanto, a história não explica tudo, não sugere, não de todo, o que torna a represa tão fascinante. Nem sequer o sugere a energia, a implicação de potência e pressão gigantescas e as conotações sexuais óbvias dessa implicação. Certa vez, quando revisitei a represa, andei por ali com um homem do Bureau of Reclamation. Seguimos por um tempo no encalço de uma visita guiada. Como não a encontramos, exploramos partes da represa onde visitantes não costumam ir. De vez em quando, ele explicava alguma coisa, quase sempre naquela linguagem misteriosa que tem a ver com "energia de pico", "apagão" e "drenagem", mas, de modo geral, passamos a tarde em um mundo tão estranho, completo e bonito em si mesmo que raramente era necessário falar. Não vimos quase ninguém. Guindastes se moviam acima de nós como se tivessem vontade própria. Geradores rugiam. Transformadores zumbiam. As grades sobre as quais estávamos vibravam. Observamos um cabo de aço de mil toneladas mergulhar na água. Por fim, chegamos naquele lugar onde a água estava, onde a água sugada do lago Mead rugia por comportas de nove metros e então por comportas de três metros e por fim nas próprias turbinas.

"Pode encostar", sugeriu o homem do Reclamation, e foi o que fiz. Por um bom tempo, só fiquei parada ali com as mãos na turbina. Foi um momento peculiar, mas tão explícito a ponto de não sugerir nada além de si mesmo.

Havia algo mais em tudo isso, algo mais do que a energia e a história, algo que não conseguia resolver mentalmente. Quando saí da represa, o vento soprava mais forte através do desfiladeiro e por todo Mojave. Em seguida, rumo a Henderson e Las Vegas. Havia poeira voando pelo cassino Country-Western NOITES DE SEX & SÁB e pelo Santuário de Nossa Senhora da Boa Viagem PARE E REZE, mas lá na represa não havia poeira. Apenas rocha, represa, uns poucos arbustos e algumas lixeiras, correntes nas tampas, batendo contra uma cerca. Atravessei o mapa estrelar de mármore que traça uma rotação sideral do equinócio e fixa para sempre, o sujeito do Reclamation falou para mim, para todas as épocas e pessoas que sabem ler as estrelas, a data que a represa foi consagrada. O mapa estelar era para quando todos nós tivéssemos ido embora e sobrasse apenas a represa. Não pensei muito nisso no momento em que ele me contou, mas pensei nisso então, com o vento gemendo e o sol descendo atrás de um planalto com o caráter definitivo de um pôr do sol no espaço. É claro que essa era a imagem que eu sempre tinha visto, sem chegar a me dar conta do que via, um dínamo enfim livre do homem, esplêndido afinal na solidão absoluta, mandando energia e liberando água para um mundo onde não existe ninguém.

1970

V

ACORDANDO DEPOIS DOS ANOS 1960

Acordando depois dos anos 1960

ESTOU FALANDO AQUI de ser uma filha do meu tempo. Quando penso hoje na década de 1960, penso em uma tarde que não pertence em absoluto aos anos 1960, uma tarde no início do meu segundo ano em Berkeley, um belo sábado de outono em 1953. Estava deitada em um sofá de couro em uma casa de fraternidade (tinha havido um almoço para ex-alunos, meu par tinha ido ao jogo e, não me lembro por quê, fiquei para trás), lendo um livro de Leonel Trilling e ouvindo um homem de meia-idade dedilhar o piano na ânsia de afinar a linha melódica de "Blue Room". Ele ficou sentado a tarde inteira tocando "Blue Room", mas nunca acertou. Ainda consigo ver e ouvir, a nota errada em "We will thrive on/ Keep alive on", a luz do sol baixando nas janelas enormes, o homem pegando seu drinque, começando de novo e me contando, sem jamais dizer uma palavra, algo que eu não sabia a respeito de casamentos ruins, tempo desperdiçado e apego ao passado. Hoje essa tarde seria implausível em todos os sentidos. A ideia de ter tido um "par" para um almoço seguido de um jogo de futebol agora me parece tão exótica que soa quase czarista.

Pensei um bocado na distância que percorremos do mundo no qual fui aluna de uma faculdade durante aqueles períodos em que não só Berkeley, mas dúzias de outros campi eram fechados com regularidade, campos de batalha incipientes com as fronteiras lacradas. Pensar em Berkeley como era nos anos 1950 não era pensar em barricadas e turmas reconstituídas. "Reconstituído" teria, naquela época, soado para nós como novilíngua, e barricadas nunca eram pessoais. Éramos todos muito pessoais então, às vezes de forma implacável, e, naquele ponto em que ou agimos ou não agimos, a maioria de nós fica imobilizado. Imagino que esteja falando justamente disso: da ambiguidade de pertencer a uma geração desconfiada de arroubos políticos, a irrelevância histórica de crescer convencida de que o coração das trevas se encontra não em algum erro da organização social, mas no próprio sangue dos homens. Se o homem estava fadado a errar, então qualquer organização social estava fadada a ser um erro. Era uma premissa que me parecia correta o suficiente, mas que nos privou desde cedo de uma certa inclinação para a surpresa.

Na Berkeley na década de 1950, ninguém se surpreendia com nada, uma *donnée* que tendia a tornar o discurso menos do que espirituoso, e o debate inexistente. O mundo era imperfeito por definição; portanto, é claro que a universidade também era. Mesmo então houvera alguma discussão em torno dos cartões da IBM, porém, no fim das contas, a noção de que uma educação gratuita para dezenas de milhares de pessoas pudesse envolver automação não parecia de todo irracional. Sabíamos que o Conselho Administrativo às vezes agiria da forma errada. Simplesmente evitávamos aqueles estudantes dos quais se dizia serem informantes do FBI. Éramos aquela geração chamada de "silenciosa", mas não éramos silenciosos, como alguns pensavam, porque compartilhávamos do otimismo oficial da época ou, como outros pensavam, porque temíamos a repressão oficial da mesma época. Éramos silenciosos porque a euforia da ação social parecia, para muitos de nós, mais uma maneira de escapar do pessoal, de mascarar durante algum tempo aquele pavor da ausência de sentido que era o destino do homem.

Ter aceitado esse destino particular tão cedo foi a peculiaridade da minha geração. Penso hoje que fomos a última geração a se identificar com os adultos. Que a maioria de nós tenha achado a vida adulta tão moralmente ambígua quanto era esperado talvez deva ser incluído na categoria das profecias autorrealizáveis: simplesmente não tenho certeza. Estou apenas contando como foi. A atmosfera em Berkeley naqueles anos era de uma "depressão" leve, mas crônica, sobre a qual me lembro de algumas pequenas coisas que me pareciam, de alguma forma, explicações, de claridade ofuscante, do mundo em que estava prestes a entrar: lembro-me de uma mulher colhendo narcisos na chuva certo dia em que eu estava caminhando nas colinas. Lembro-me de um professor que bebeu demais certa noite e revelou seu pavor e sua amargura. Lembro-me da minha alegria genuína ao descobrir como a linguagem funcionava, ao descobrir, por exemplo, que o núcleo de *Coração das trevas* era um pós-escrito. Todas essas imagens eram pessoais, e o pessoal era o que a maioria de nós esperava encontrar. Construiríamos a paz individualmente. Faríamos pós-graduação em Literatura, viajaríamos para o exterior. Ganharíamos algum dinheiro e viveríamos em um rancho. Sobreviveríamos do lado de fora da história, em um tipo de *idée fixe* definida sempre, durante aqueles anos que estive em Berkeley, como "uma cidadezinha com uma praia decente".

Como se viu, não encontrei, nem sequer procurei, a cidadezinha com uma praia decente. Ficava sentada no apartamento grande e vazio em que morei nos anos de caloura e veterana (morei por algum tempo em uma sororidade, a casa Tri Delta, e fui embora, o que era típico, não por conta de qualquer "problema", mas porque eu, o implacável "eu", não gostava de morar com seis pessoas) e lia Camus e Henry James e observava uma ameixeira entrar e sair da floração, e, à noite, na maioria das noites, andava por ali e olhava para cima, para onde o cíclotron e o bevatron brilhavam na encosta escura, mistérios indescritíveis que me atraíam, bem ao estilo da minha época, mas de forma pessoal. Mais tarde deixei Berkeley e fui para Nova York e, posteriormente, deixei Nova York e vim para Los Angeles. O que construí para mim é pessoal, mas não é exatamente uma paz. Apenas uma pessoa que conheci em Berkeley descobriu depois uma ideologia, se inseriu na história, se desprendeu tanto do próprio pavor quanto da própria época. Algumas pessoas que conheci em Berkeley se mataram não muito tempo depois. Outra tentou o suicídio no México e então, em uma recuperação que pareceu em vários sentidos uma perturbação mais avançada, veio para casa e se juntou ao programa de treinamento de executivos com duração de três anos do Bank of America. A maioria de nós vive de forma menos teatral, mas continuamos a ser sobreviventes de uma época peculiar e íntima. Se conseguisse acreditar que ir a uma barricada ia afetar o destino do homem ainda que de forma mínima, eu iria a essa barricada, e com frequência desejo isso, mas seria desonesto dizer que espero encontrar um final tão feliz.

1970

Dias tranquilos em Malibu

1.

DE CERTA FORMA PARECE o mais idiossincrático dos balneários, 43 quilômetros de litoral sem nenhum hotel, nenhum restaurante razoável, nada para atrair os dólares dos turistas. Não é um refúgio. Ninguém passa "férias" ou "feriados prolongados" em Malibu. A principal rua residencial, a Pacific Coast Highway, é literalmente uma autoestrada, a California 1, que vai da fronteira mexicana até o Oregon e faz os ônibus da Greyhound, os caminhões-frigoríficos e os caminhões-tanque de dezesseis rodas que transportam gasolina passarem zunindo diante das janelas de casas compradas e vendidas com frequência por mais de um milhão de dólares. A água de Malibu não é tão limpa nem tem o colorido tropical da água de La Jolla. As areias de Malibu não são tão brancas nem tão amplas quanto as da praia de Carmel. As colinas são raquíticas e estéreis, infestadas de motoqueiros e cascavéis, marcadas por atalhos, antigos incêndios e estacionamentos de trailers. Por essas e outras razões, Malibu tende a surpreender e a desapontar aqueles que nunca a viram antes. Ainda assim, seu nome continua a ser, na imaginação de pessoas do mundo inteiro, um tipo de caminho para a vida fácil. Antes de 1971, eu nunca tinha morado, e provavelmente não vou voltar a morar, em um lugar que emprestou o nome a um Chevrolet.

2.

Dick Haddock, um pai de família há 26 anos na mesma profissão, um homem que tem ao telefone e no escritório os modos decididos e tranquilos de um gerente de tecnologia, é, em muitos aspectos, o protótipo do cidadão comum do sul da Califórnia. Ele vive em uma subdivisão de San Fernando Valley, perto de uma marina de água doce e de um bom centro comercial. O filho pratica natação e está no ensino médio. A filha está "envolvida com tênis". Ele dirige quase cinquenta quilômetros para o trabalho, tem uma carga horária de quarenta horas, faz cursos regulares para manter as qualificações profissionais, se exercita e tem a aparência de quem se exercita. Quando discute a própria carreira, em uma espécie de segunda pessoa impessoal e educada, ele comenta como "você ia querer progredir como qualquer outro indivíduo", sobre a importância de "melhorar sua avaliação", de "ser mais útil ao departamento" e de "conhecer de verdade o ramo". Por 26 anos, o ramo de Dick Haddock tem sido o de salva-vidas profissional do Departamento de Praias do condado de Los Angeles. O escritório dele é um posto de observação de 190 mil dólares em Zuma Beach, ao norte de Malibu.

Era manhã do Dia de Ação de Graças, 1975. Os ventos de Santa Ana estavam morrendo depois de soprar do Mojave durante três semanas e incendiar quase 30 mil hectares do condado de Los Angeles. Esquadrões de aviões largavam químicos no fogo sem provocar qualquer efeito. Entrevistas chorosas com proprietários de casas queimadas se tornaram um elemento comum do noticiário das dezoito horas. A fumaça dos incêndios tinha naquela semana se estendido por 160 quilômetros sobre o Pacífico, escurecido os dias e iluminado as noites. Na manhã do Dia de Ação de Graças, por todo o sul da Califórnia, tínhamos a sensação de viver em um grave deslocamento solar. Era uma daquelas semanas em que Los Angeles parecia mais incrível e perigosamente ela mesma, um desenho animado sobre desastres naturais. Era uma semana peculiar para se passar o dia com Dick Haddock e o restante da equipe do quartel-general em Zuma.

De fato, eu quis conhecer os salva-vidas desde que me mudei para Malibu. Eu passaria por Zuma de carro em certas manhãs geladas de inverno e veria alguns deles nadando os oitocentos metros diários obrigatórios em mar aberto. Passaria por Zuma de carro em certas noites de névoa e veria outros se movendo por trás das janelas iluminadas do posto de observação, as únicas outras almas acordadas em todo o norte de Malibu. Para mim, parecia uma escolha de carreira curiosa, quase beatífica, optar por salvar aqueles em perigo no mar durante quarenta horas semanais. E, enquanto a fuligem descia em torno do posto de observação em Zuma naquela manhã do Dia de Ação de Graças, a rotina lacônica e patentemente paramilitar desses funcionários civis de calções vermelhos assumiu uma inevitabilidade fervorosa e onírica. Havia o "capitão", John McFarlane, um homem que já tinha corrido seus oitocentos metros diários e nadado seus oitocentos metros diários. Naquele momento, ele estava colocando os óculos para atualizar a papelada. Se a temperatura da água estivesse abaixo dos 13 graus, John estaria autorizado a nadar com uma roupa de mergulho. Como isso não aconteceu, ele teria que nadar com o calção vermelho de sempre. A temperatura da água estava 14 graus. John McFarlane tem 48 anos. Havia o "tenente", Dick Haddock, me dizendo como cada um dos 125 salva-vidas permanentes do Departamento (há também seiscentos salva-vidas que trabalham meio período ou são "temporários") aprende a controlar multidões na Academia de Polícia do Condado de Los Angeles, técnicas de condução emergencial na Academia de Polícia Rodoviária da Califórnia, procedimentos médicos no Centro Médico do Condado de Los Angeles e, além de correr os oitocentos metros diários e nadar os oitocentos metros diários, faz quinhentos metros de remo e salta do píer todo mês. "Saltar do píer" é exatamente o que parece, e o propósito é adquirir prática em volta de estacas em ondas fortes.

Havia também os homens que patrulhavam. E também o "pessoal do plantão", dois mergulhadores e alpinistas treinados e "prontos para agir a qualquer hora" naquele que era sempre chamado de "veículo de código 3 com luz vermelha e sirene", dois homens que não estavam agindo nessa manhã do Dia de Ação de Graças, mas estavam sentados no posto de observação ouvindo o Los Angeles Rams acabar com o Detroit Lions, vendo o horizonte acinzentado e esperando por uma ligação.

Ninguém ligou. O rádio e os telefones chiavam de vez em quando com relatórios de outras "operações" supervisionadas pela equipe de Zuma: a "operação do barco salva-vidas" em Paradise Cove, as "operações de praia" em Leo Carrillo, Nicholas, Point Dume, Corral, Malibu Surfrider, Malibu Lagoon, Las Tunas, Topanga North e Topanga South. Esses são os nomes de algumas das praias públicas de Malibu, mas, no posto de observação em Zuma naquele dia, os nomes soavam como estações de batalha durante um improvável cessar-fogo. Tudo tranquilo em Leo. Situação normal em Surfrider.

Os salva-vidas pareciam mais confortáveis quando falavam de "operações" e "situações". Sempre comentavam sobre "uma situação de vigia telefônica" ou "uma situação de correnteza". Também falavam com facilidade de "funções", como em "a função de manter uma posição segura na praia". Como outros homens em guerra, tinham gráficos, fichas, registros, contagens atualizadas de doze em doze horas: *1.405 resgates de surfistas fora de Zuma entre 00h01 de 1º de janeiro 1975 e 23h59 da véspera do Dia de Ação de Graças 1975.* Assim como: *36.120 resgates preventivos, 872 primeiros-socorros, 176 chamados de emergência na praia, 12 ressuscitações, 8 chamados de barcos em perigo e 0 mortes.* Zero. Nenhum corpo. Quando tinha a chance de usar a palavra "corpo", Dick Haddock hesitaria e desviaria os olhos.

Em geral, os salva-vidas preferiam uma fala tão monótona e poética quanto a do sinal Houston. Tudo naquela manhã estava "muito bom". As equipes do quartel-general estavam "se sentindo bem". O dia "parecia bom". As ondas de Malibu estavam com "pouco mais de meio metro e formato ruim". Mais cedo naquela manhã, havia mais ou menos cem surfistas na água, a molecada oxigenada de idade e sexo indeterminados que ficam à toa por Zuma e parecem sobreviver exclusivamente de carne-seca em conserva, mas, às dez horas, todos tinham guardado a carne-seca do Dia de Ação de Graças e se mandado para algum lugar melhor.

"Se esquentar, vamos precisar de mais gente", comentou Dick Haddock ao meio-dia, avaliando as torres de vigia vazias. "Se isso acontecer, poderíamos tomar a decisão de abrir as torres um e onze, eu telefonaria e diria que precisamos de dois temporários em Zuma. Ainda posso colocar outro homem em Leo."

Não esquentou. Em vez disso, começou a chover. Na rádio, o jogo matinal da NFL deu lugar ao jogo vespertino da NFL, e, depois de um tempo, fui com um dos sujeitos do plantão para Paradise Cove, onde a equipe do barco salva-vidas precisava de um mergulhador. Não precisavam de um para trazer um corpo à superfície, ou uma arma usada em um assassinato, ou um caixote de munição roubada, ou qualquer uma das coisas que, trazidas à tona, faziam os nomes dos mergulhadores do departamento aparecerem no jornal. Precisavam de um mergulhador, com equipamento e roupa adequados, porque estavam removendo a hélice do barco salva-vidas e tinham deixado parte do metal do tamanho de uma moeda cair a seis metros de profundidade. Tive a nítida impressão de que precisavam de um mergulhador com roupa impermeável sobretudo porque ninguém na equipe do barco queria voltar para a água de calção para substituir a hélice, mas parecia haver certo acordo tácito de que a parte perdida devia ser o objetivo do mergulho.

"Acho que você sabe como é a oito metros de profundidade", disse o mergulhador.

"Você não precisa me dizer o quanto é frio", falou o tenente do barco. O nome dele era Leonard McKinley. Ele havia sido "efetivado" em 1942 e tinha idade para se referir a Zuma como uma praia "para banho". "Depois de achar aquela coisa, você podia colocar a hélice no lugar para a gente, já que está na água e de roupa impermeável?"

"Sabia que ia dizer isso."

Leonard McKinley e eu ficamos de pé no barco observando o mergulhador desaparecer. Pela manhã a fuligem dos incêndios havia coberto a superfície, mas agora o vento estava forte e a fuligem obscurecia a água. Mantos de algas flutuavam. O barco balançava. O aparelho de rádio chiou com notícias de um iate chamado *Ursula* em perigo.

"Um dos outros barcos vai cuidar disso", disse Leonard McKinley. "Não nós. Alguns dias a gente só fica aqui sentado que nem bombeiros. Em outros dias, um dia com repuxo, fico fora dez horas direto. Você tem os grandes repuxos no verão, ondas vindas do México. Com o Santa Ana você vê os barcos virados, a gente viu um esses dias, era esperado em Santa Monica, estavam quase afundando quando a gente resgatou eles."

Tentei manter os olhos na água verde-garrafa, mas não consegui. Tinha ficado enjoada em barcos na ilha de Santa Catarina, no golfo da Califórnia e até mesmo na baía de São Francisco, e agora parecia que ia ficar enjoada em um barco que continuava ancorado na extremidade do píer de Paradise Cove. O rádio informou que o *Ursula* estava sendo rebocado para Marina del Rey. Eu me concentrei nas estacas.

"Ele colocou a hélice", disse Leonard McKinley. "Quer dar uma volta?"

Respondi que era melhor não.

"Volte outro dia", disse ele, e agradeci. E, embora não tenha voltado, não há um dia em que não pense em Leonard McKinley, Dick Haddock e no que eles estão fazendo, nas situações que estão enfrentando, nas operações, na água verde-garrafa. A água hoje está 13 graus.

3.

Amado Vazquez é um cidadão mexicano que vive no condado de Los Angeles como residente estrangeiro desde 1947. Como muitos mexicanos que vivem há um bom tempo nos arredores de Los Angeles, ele fala do México como "logo ali", se sente mais confortável falando espanhol do que inglês e transmite, em cada movimento, um tipo "diferente" de decoro, uma correção, uma reserva cultural. Não é, de forma alguma, um *chicano*. Em vez disso, ele é o que os mexicanos nascidos na Califórnia às vezes chamam de "mexicano do México", que pronunciam como uma palavra só e que costuma sugerir justamente essa diferença, essa retidão, esse conservadorismo pessoal. Ele nasceu em Ahualulco, Jalisco. Foi aprendiz de barbeiro aos 11 anos. Com 27, quando veio para o norte visitar o irmão e encontrar um novo trabalho, já tinha se casado, era pai de dois filhos e se tornou, para o número limitado de pessoas que conhecem e entendem o trabalho bastante especial que encontrou na Califórnia, um tipo de lenda. No momento em que o conheci, Amado Vazquez era o produtor-chefe na Arthur Freed Orquídeas, uma estufa em Malibu fundada pelo falecido produtor de cinema Arthur Freed, e um dos pouquíssimos criadores de orquídeas de fato notáveis do mundo.

Eu o conheci não porque queria orquídeas, mas porque gostava de estufas. Tudo que sabia a respeito de orquídeas era que alguém as cultivavas *em estufas* no cânion perto da minha casa. Tudo que sabia a respeito de Amado Vazquez era que ele era o sujeito que ia me deixar ficar um tempo sozinha nessas estufas. Para entender o quanto isso me parecia extraordinário, você teria que ter ansiado como eu por aquela luz e aquele silêncio próprios das estufas. Sempre gostei de passar um tempinho em uma estufa ou outra, e a pessoa encarregada da estufa em algum momento sempre me colocava para fora. Quando tinha 9 anos, eu perdia o ônibus da escola de propósito a fim de ir para casa andando, porque assim eu podia passar por uma estufa. Lembro que me disseram, naquela mesma estufa, que comprar um amor-perfeito por uma moedinha não me dava o direito de "passar o dia", e, em outra, que minha respiração estava "consumindo o ar".

Ainda assim, 25 anos depois, esse cânion perto da minha casa parecia ser o local das estufas mais bonitas do mundo — a luz filtrada mais aquosa, o ar tropical mais suave, as nuvens de flores mais silenciosas... A pessoa encarregada, Amado Vazquez, parecia disposta a reconhecer minha presença apenas da forma mais benigna. Parecia supor que eu tinha uma boa razão para estar ali. E não falava muito. Às vezes, oferecia uma noz que havia acabado de abrir, ou uma flor de uma planta que estava podando. De vez em quando, o irmão de Arthur Freed, Hugo, que era quem comandava o negócio, entrava na estufa com clientes de verdade, homens sérios de terno escuro que pareciam ter acabado de chegar de Taipé ou Durban e que falavam em voz baixa, como se tivessem vindo inspecionar objetos de decoração medievais ou diamantes brutos.

Por fim, os compradores de Taipé ou Durban voltavam para o escritório, a fim de fechar o negócio, e o silêncio retornava à estufa. A temperatura era sempre de 22 graus. A umidade era sempre de sessenta por cento. Arcos enormes de *phalaenopsis* brancas tremulavam na parte superior. Aprendi os nomes dos cruzamentos observando etiquetas na estufa, os nomes exóticos cujo valor não entendia naquela época. *Amabilis* × *Rimestadiana* = *Elisabethae*. *Afrodite* × *Rimestadiana* = *Gilles Gratiot*. *Amabilis* × *Gilles Gratiot* = *Katherine Siegwart* e *Katherine Siegwart* × *Elisabethae* = *Doris*. Doris em homenagem a Doris Duke. Doris que floresceu primeiro em Duke Farms, em 1940. Pelo menos uma vez a cada visita eu lembrava do amor-perfeito que custava uma moedinha, e procurava Amado Vazquez para falar de uma planta que queria comprar. Ele apenas sorria e balançava a cabeça.

"São só para criação. Não estão à venda", dizia. Depois, erguia o ramo de flores e me mostrava um detalhe que eu não tinha notado, alguma diferença mínima na textura da pétala ou no formato do botão. "Muito bonito. Que bom que você gosta."

O que ele não dizia era que essas plantas que estava me deixando tocar, essas plantas "só para criação" e que "não estavam à venda", eram plantas-matriz, e que o valor de uma planta dessas na Arthur Freed podia ir de 10 mil a quase 1 milhão de dólares.

Eu me dei conta disso no dia em que parei de usar a estufa da Arthur Freed como lugar de almoço, mas fiz questão de, certo dia de 1976, ver Amado Vazquez e conversar com Marvin Saltzman, que assumiu o negócio em 1973 e é casado com a filha de Arthur Freed, Barbara. (Como em *Phal. Barbara Freed Saltzman* "Jean McPherson", *Phal. Barbara Freed Saltzman* "Zuma Canyon" e *Phal. Barbara Freed Saltzman* "Malibu Queen", três plantas que "não estão à venda" na Arthur Freed.) Foi esquisito falar com Marvin Saltzman porque nunca havia estado no escritório da Arthur Freed, nunca tinha visto as paredes forradas com troféus de prata opacos, o quadro genealógico dos famosos híbridos da Freed, nunca tinha entendido nada do verdadeiro negócio de orquídeas.

"Para falar a verdade, é um negócio em expansão", disse Marvin Saltzman.

Ele estava virando as páginas do *Sander's List*, o livro-padrão das matrizes de orquídeas, publicado de muitos em muitos anos e que mostra a ascendência de cada híbrido registrado na Royal Horticultural Society, e parecia inconsciente do silêncio da estufa diante da janela do escritório. Ele havia me mostrado como Amado Vazquez colocava o pólen de uma planta no ovário da flor da outra. Ele me explicou que as melhores épocas para se fazer isso são as de lua cheia e maré alta, porque as *phalaenopsis* estão mais férteis. Explicou que as *phalaenopsis* estão mais férteis na lua cheia porque, na natureza, elas têm que ser polinizadas por uma mariposa noturna e, no decorrer de 65 milhões de anos de evolução, o período de maior fertilidade delas passou a coincidir com o de maior visibilidade. Ele explicou que uma *phalaenopsis* é mais fértil na maré alta porque o teor de umidade de cada planta reage ao movimento das marés. Tudo isso era notícia velha para Marvin Saltzman. Eu não conseguia tirar os olhos da janela.

"Você traz 5 mil mudas da floresta e espera três anos até elas florescerem", explicou Marvin. "Você acha duas de que gosta e joga as outras 4.998 fora e tenta criar as duas. Talvez a polinização dê certo, mas em 95 por cento do tempo não dá. Digamos que você dê sorte e a coisa funciona, ainda demora outros quatro anos para você ver uma flor. Nesse meio-tempo, você tem um grande investimento de capital. Arthur Freed podia ganhar 400 mil dólares em um ano da MGM e colocar 100 mil para começar esse lugar, mas poucos podem fazer o mesmo. Você vê um bocado do que a gente chama de estufas de quintal — pessoas que têm cinquenta ou cem plantas, com talvez duas que achem excepcionais, e elas decidem criar essas duas —, mas quando fala em grandes estufas, talvez existam apenas dez nos Estados Unidos e outras dez na Europa. Mais ou menos isso. Vinte."

Vinte também é o número de produtores-chefes existentes, o que é parte do que garante a Amado Vazquez o aspecto de uma lenda. Minutos depois, deixei o escritório e fui vê-lo na estufa. Ali tudo estava operando como sempre para simular as condições singulares da floresta tropical malaia, habitat em que as orquídeas epífitas crescem — não no nível do solo, mas talvez trinta metros acima. Na floresta tropical, essas orquídeas se quebram por conta do vento e da chuva. São polinizadas de forma aleatória e raramente por insetos. As mudinhas são esmagadas por macacos e jiboias, e as orquídeas passam despercebidas e morrem jovens. Ali na estufa nada destruiria as orquídeas. Elas seriam polinizadas na lua cheia e durante a maré alta por Amado Vazquez. As mudinhas seriam cuidadas em uma caixa esterilizada, com luvas e ferramentas esterilizadas pela esposa de Amado Vazquez, Maria, e as orquídeas não pareciam morrer.

"Não sabemos quanto tempo elas vão viver", disse Marvin Saltzman. "Elas não foram criadas sob condições controladas por tanto tempo. Os botânicos estimam 150, duzentos anos, mas não sabemos. Tudo que sabemos é que uma planta de cem anos não vai dar nenhum sinal de senilidade."

Eu estava muito tranquila ali na estufa com Amado Vazquez e as plantas que iam sobreviver a nós dois.

"A gente criava em osmunda", comentou ele de repente. Osmunda é uma forma de plantio. Amado Vazquez se expressa exclusivamente em termos de como as orquídeas crescem. Ele falou dos primeiros anos neste país, quando conseguiu um emprego com o irmão cuidando de uma coleção particular de orquídeas em San Marino, e ficou em silêncio. "Não conhecia as orquídeas naquela época, e agora são como minhas filhas. Você espera pelo primeiro botão como espera a chegada de um bebê. Às vezes, espera quatro anos, ele abre e não é o que esperava. Talvez fique com o coração despedaçado, mas você gosta dele. Você nunca diz: 'Aquele era mais bonito.' Você só gosta deles. Orquídeas são minha vida."

E eram. A esposa de Amado Vazquez, Maria (como em *Phal. Maria Vasquez* "Malibu", a grafia de Vazquez tendo sido misteriosamente alterada por todos na Arthur Freed exceto pelos próprios Vazquez), trabalhava no laboratório da Arthur Freed. O filho dele, George (como em *Phal. George Vasquez* "Malibu"), era o gerente de vendas na Arthur Freed. A filha dele, Linda (como em *Phal. Linda Mia* "Innocence"), trabalhou na Arthur Freed antes de se casar. Amado Vazquez vai se levantar com frequência à noite para checar um aquecedor, ajustar a luz, segurar uma cápsula de sementes na mão e tentar descobrir se amanhã de manhã será o momento de colocá-las no balão esterilizado.

Quando Amado e Maria Vazquez vão para a América Central ou do Sul, eles procuram por orquídeas. Quando Amado e Maria Vazquez foram à Europa pela primeira vez, alguns anos atrás, eles procuraram por orquídeas.

"Perguntei por toda Madri por orquídeas", lembrou Amado Vazquez. "Finalmente me falaram de um lugar. Fui lá, bati à porta. A mulher me deixou entrar. Ela concordou em me deixar ver as orquídeas. Ela me levou para uma casa e…"

Amado Vazquez irrompeu em uma gargalhada.

"Ela tinha três orquídeas", conseguiu dizer por fim. "Três. Uma delas morta. Todas do Oregon."

Estamos parados em um mar de orquídeas, uma extravagância de orquídeas, e ele me deu uma braçada de flores das catleias dele para levar para minha filha, mais flores talvez do que em toda Madri. Naquele dia me pareceu que eu nunca havia falado com alguém tão direto e franco a respeito das coisas que amava. Amado me confidenciou que nunca se tornou um cidadão dos Estados Unidos porque tinha uma imagem mental que sabia ser falsa, mas da qual não conseguia se livrar: uma imagem em que ficava de pé ao lado de um juiz e pisoteava a bandeira do México.

"E eu amo meu país", completou ele. Amado Vazquez amava o país dele. Amado Vazquez amava a família dele. Amado Vazquez amava orquídeas. "Você quer saber o que sinto pelas plantas? Vou dizer. Eu morreria em orquídeas."

4.

Na parte de Malibu onde morei de janeiro de 1971 até bem pouco tempo atrás, todos conhecíamos os carros uns dos outros, e os observávamos na autoestrada, no supermercado e no campo de golfe. Trocávamos informações no supermercado. Deixávamos pacotes e mensagens uns para os outros no campo de golfe. Telefonávamos uns para os outros em momentos de vento, fogo e chuva, sabíamos quando as fossas sépticas uns dos outros precisavam ser bombeadas, prestávamos atenção a ambulâncias na autoestrada e helicópteros na praia e nos preocupávamos com os cachorros, os cavalos, as crianças, os portões dos currais e as licenças da Comissão Costeira uns dos outros. Era provável que um acidente na autoestrada envolvesse alguém que conhecíamos. Uma cascavel na minha garagem significava a companheira dela na sua. A fogueira de um estranho na sua praia significava fogo em ambas as encostas.

Era um estilo de vida que eu não esperava encontrar em Malibu. Quando me mudei, em 1971, de Hollywood para uma casa na Pacific Coast Highway, tinha aceitado a noção convencional de que Malibu significava a vida fácil. Temia que fôssemos nos apartar "do mundo real", significando, acho, a exposição diária ao Sunset Strip. Na altura em que deixamos Malibu, sete anos depois, eu via o espírito do lugar como o de isolamento e adversidade compartilhados, e hoje acho que nunca amei mais a casa da Pacific Coast Highway do que naqueles vários dias em que era impossível sair dali, quando o incêndio ou a inundação fechavam a autoestrada.

Nós nos mudamos para essa casa na autoestrada no ano do quinto aniversário da nossa filha. No ano do décimo segundo, choveu até a autoestrada colapsar, e uma das minhas amigas se afogou em Zuma Beach, vítima do mandrax.

Certa manhã, durante a temporada de incêndios de 1978, alguns meses depois de termos vendido a casa da Pacific Coast Highway, um matagal pegou fogo em Agoura, em San Fernando Valley. Em duas horas, um vento de Santa Ana tinha empurrado o fogo por 10 mil hectares e quatro quilômetros em direção à costa, onde transpôs a Pacific Coast Highway como uma tempestade de fogo, gerando ventos de 160 quilômetros por hora e temperaturas acima de 1.300 graus. Refugiados se amontoavam em Zuma Beach. Cavalos pegavam fogo e eram sacrificados com um tiro na praia, pássaros explodiam no ar. As casas não explodiram, mas imploidiram, como em um ataque nuclear. Quando o fogo cessou, 197 casas tinham desaparecido e virado cinzas. Várias delas pertenciam ou tinham pertencido a pessoas que eu conhecia. Alguns dias depois de a autoestrada ser reaberta, dirigi até Malibu para ver Amado Vazquez, que tinha, alguns meses antes, comprado do espólio de Freed todo o estoque da Arthur Freed Orquídeas e estava em processo de mudança para a nova estufa, Zuma Canyon Orquídeas, a um quilômetro do desfiladeiro. Encontrei-o na estufa principal no que havia sido a Arthur Freed Orquídeas. No lugar das flores havia vidro estilhaçado, metal derretido e os fragmentos das milhares de provetas que abrigaram as mudinhas da Freed, os novos cruzamentos.

"Perdi três anos", disse Amado Vazquez e, por um instante, achei que fôssemos chorar. "Você quer ver flores hoje? Vamos para outro lugar."

Eu não queria ver flores. Depois de dizer adeus para Amado Vazquez, meu marido, minha filha e eu fomos ver a casa na Pacific Coast Highway onde havíamos morado por sete anos. O fogo tinha chegado a sete metros da propriedade, e então parado, mudado de direção ou sido repelido. Era difícil dizer. De qualquer forma, já não era mais a nossa casa.

1976-1978

Este livro foi impresso pela Umlivro, em 2025, para a HarperCollins Brasil. A fonte do miolo é Adobe Caslon Pro. O papel do miolo é pólen natural 80g/m², e o da capa é cartão 250g/m².